国际传播研究丛书

智造话语
中国高科技企业国际形象的变迁、危机与建构

景嘉伊 著

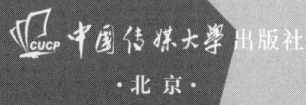
中国传媒大学出版社
·北京·

基金支持

本书获中国社会科学院"青启计划"("人类命运共同体视阈下的'一带一路'对非传播现状、特征与效果研究")资助,编号 2024QQJH158

序　言

作为导师，我见证了景嘉伊博士从懵懂的本科生成长为独立青年学者的全过程。在清华园的十年求学历程中，嘉伊通过阅读、思考、写作与实践，明确了自己的研究方向，将国际传播，特别是中国企业的国际传播作为主要研究方向。随着学习的积累，嘉伊的研究不断聚焦而深入，从对企业形象的基础分析到基于对复杂的国际政治经济语境分析形成系统而独特的见解，其进步是显著的，其成果是具体的。

如今，嘉伊的专著《智造话语：中国高科技企业国际形象的变迁、危机与建构》将要正式出版。这本书不仅凝结了作者攻读博士学位期间的阶段性成果，也代表了作者作为一名青年学者在独立研究中不断锤炼出的学术素养与批判思维。从最初的问题发掘和研究框架搭建，再到实地调研与数据分析，直至最终形成原创性理论体系，每个环节都展现了作者严谨的治学态度和跨学科的交融能力，以及愿意突破自我、进行创新的学术勇气和理论信心。

在新一轮全球化进程中，中国高科技企业的国际化进程既承载着深化对外开放格局、推进科技自立自强、提升产业链供应链韧性和安全水平的业务使命，也作为多途径推动国际人文交流和民心相通的主体，在提升国际传播效能与中华文明影响力等方面发挥着越发重要的、不可替代的作用。本书保持了对现实问题的敏锐洞察,以站在"风口浪尖"上的中国信息通信行业为样本,直面国际舆论场中"中国技术威胁论"噪音与国内舆论场中"卡脖子"焦虑的双重压力,系统梳理了中国高科技企业国际形象生成与展演的深层逻辑,提出了学理性认识与分析。

在研究期间,作者深入中兴、华为两大代表性企业和相关管理部门进行实地调研,开展了高质量的深度访谈和参与式观察,得到许多宝贵的一手资料,并通过文献挖掘、话语分析和扎根分析等规范方法进行研究。本书提出了中国企业国际形象变迁的"五阶段说",提炼出围绕不同国际行为体的"安全化动员机制—价值平衡机制—利益协调机制"的全球话语分层格局,搭建起政治经济危机情境下企业形象生成的"外来者劣势—来源国晕轮—媒介化变形"三要素模型。这既是对新一轮全球化背景下中国国际传播理论的创新探索,也是对新时代中国企业国际话语权建设的实践回应。这一成果是作者深入研究与思考的产出,其学术价值与现实意义是值得肯定的。

更值得赞许的是,嘉伊不仅在课堂上汲取知识,还在实践中锤炼自我。嘉伊多次作为助教参与我主持的面向清华大学全校本科生的通识课程"全球胜任力海外实践课程",曾经一起深入肯尼亚、埃塞俄比亚、伊朗、阿联酋、巴西和南非等全球南方国家调研,在这些国际调研中,培养了优秀的跨文化交流能力和田野研究能力,展现了优秀的学术意识与理论素养。那些共同调研过程的日与夜、苦与乐、思与悟成为我们师徒共同的美好记忆,更成为嘉伊学术成长的坚实阶梯。看到一位优秀青年学者一步步将实践与理论结合、将热爱与职业结合,逐步走向学术成熟与独立,并能够带着自己的热爱与成果投身中国新闻传播学的研究,成为中国新闻传播学界的新生力量,可喜可贺。

我时常勉励自己的学生三句话:一句是"找到热爱,追求卓越",再一句是"为学勤奋,为人朴实",还有一句是"入校一色,出校万彩"。其基本逻辑是鼓励青年学子成长的原则、方法与目标。嘉伊记住了这三句话并在日积月累中践行。这本书是连接嘉伊求学生涯和职业生涯的纽带,扎实而丰厚。站在新的起点上,期待嘉伊能够始终以学术为业、以学术为乐,对外部的世界葆有敏锐的观察力,对内在的自我葆有纯真的进取心,继续踏实产出更多兼具全球视野与本土关怀、实践导向与理论旨趣的学术作品。

祝愿与相信嘉伊在更广阔的天地里书写更加精彩的篇章。

是为序。

胡　钰

(清华大学新闻与传播学院学术委员会主任、教授、博士生导师)

2025年3月于清华园

目 录

绪　论　/ 1

第一章　企业形象的研究回溯　/ 17
　　第一节　核心概念辨析　/ 21
　　第二节　知识图谱分析　/ 32
　　第三节　理论纵深空间　/ 50

第二章　中国企业国际形象变迁的历史阶段　/ 55
　　第一节　起步:聚焦质量形象　/ 56
　　第二节　承接:聚焦技术形象　/ 61
　　第三节　转折:聚焦合规形象　/ 66
　　第四节　外溢:聚焦安全形象　/ 73
　　第五节　重塑:聚焦企业声誉　/ 77

第三章　"科技战"中涉华高科技企业的全球话语博弈　/ 81
　　第一节　话语核心层:美国的安全化动员机制　/ 89
　　第二节　话语中转层:欧洲的价值平衡机制　/ 103

第三节　话语扩散层：南方国家的利益协调机制　／112

第四节　断层的全球话语分布格局　／122

第四章　危机情境下中国高科技企业国际形象的生成机制　／127

第一节　案例资料收集　／128

第二节　扎根分析过程　／133

第三节　理论模型分析　／139

第五章　建构中国企业国际传播的自主理论路径　／155

第一节　中国企业传播的研究转向　／156

第二节　企业传播能力的分析框架　／159

第三节　企业传播的效果评价　／166

第六章　余论与反思　／173

参考文献　／183

后　记　／205

绪　论

2017年中美经贸摩擦发生以来,截至目前,美国政府陆续对我国科技型企业启动了"301调查"、投资安全审查、出口管制、经济制裁以及特定领域制裁等限制措施。尤其引人注目的是对我国信息通信行业实施的定向重点打击,将中兴与华为两家代表企业带入了全球关注视野,引发了密集讨论。早在2012年,美国就发布了《关于中国电信设备公司华为和中兴对美国国家安全构成威胁的调查报告》,通过系列话语操纵,指责两家公司的设备可能被用来针对美国实施间谍活动,并称中国政府很可能通过两家企业的在美业务威胁美国国家安全。2017年特朗普政府发布了新版《国家安全战略》,将中国企业在美国的正常经营活动污名化为"盗取美国知识产权",要求限制"中国在敏感技术领域的并购",特别是2020年相继推出的《安全可信通信网络法案》、"5G净网行动"等,更是拓展了美国境内行政命令的控制范围。美国通过频频对"五眼联盟"斡旋或施压,企图限制中国企业在全球的正常业务发展,并逐步将限制对象扩大到字节跳动、DeepSeek等社交和技术平台,以及新能源汽车、航天科工等其他事关国家重大战略发展方向的经营领域和机构。

世界百年未有之大变局加速演进,中美关系在更加紧密地相互依存的同时,也在部分领域步入了较为激烈的竞争阶段。掌握经济和科技先发优势的美国依托保护主义,在壮大本国实力的同时,企图通过打造零和博弈式的国际冲突环境来削弱竞争对手的研发能力和在国际分工体系中的领先地位。美国对科技企业打压的背后,暗含着更为深刻的政治、经济与意识形态之争。近年来,随着逆全球化和民粹主义等思潮的抬头,在全球化中迅速成长壮大的中国,成为以美国为代表的部分国家的舆论重点针对目标,其通过标签化、妖魔化和政治化等话语实践,发起了多轮"科技战"及其带来的"舆论战",引发了全球范围内的高度关注,甚至是怀疑和警惕,将对中国整体性的污名叙事延伸到中国企业及其人员、产品和服务上。虽然国际社会尚未在该事项上与美国战略立场达成完全一致,但不可否认的是,我国关键企业和重点行业的国际化之路已遭遇重大挑战,不仅在短期内影响项目的正常推进,还会在长期内使我国科技产业的开放创新、全球合作、人才交流等受到不同程度的阻滞,更让自改革开放以来积累的中国企业形象一度受到严重打击,直接折损了国际社会对中国经济的声誉口碑、发展信心与未来预期。形象问题已成为新阶段"走出去"的中国企业不得不优先关注的重要议题。

2021年5月31日,中共中央政治局就加强我国国际传播能力建设进行第三十次集体学习。会上指出,讲好中国故事,传播好中国声音,展示真实、立体、全面的中国,是加强我国国际传播能力建设的重要任务。要深刻认识新形势下加强和改进国际传播工作的重要性和必要性,下大气力加强国际传播能力建设,形成同我国综合国力和国际地位相匹配的国际话语权,为我国改革发展稳定营造有利外部舆论环境,为推动构建人类命运共同体作出积极贡献。企业是改革开放以来中国"走出去"的排头兵,能够通过产品、服务和工程项目等广泛触达各国消费者,不仅是中国当代经济发展进程的集中体现者和代表者,也是国际社会建设的重要参与者和贡献者,其传播能力的强弱和形象呈现情况,直接影响并构成了中国国家的整体形象。以高科技企业的国际形象为研究切入点,有助于更加细致地理解当前国际局势下中国的国际传播发展面临的机遇和挑战,从而寻找到实践破局和理论创新之路。

丰富的企业实践呼唤更为坚实的形象学理支撑。但回顾以往研究发现,学界对于企业形象的综合性理解还十分模糊,加之未能打破所涉及不同学科的视角间隔,多在商业营销的局限框架内探讨企业形象的建设途径,忽视了其承载的政治经济学意义,未在传播学领域形成企业形象的完整理论框架。其次,缺少对国际权力体系变动、国际传播环境变迁等现实要素的关照,缺乏对具体样本或案例的深入研究,因而常脱离具体的历史语境而陷入真空式的理论辩证过程,无法对企业在实践过程中提出的诉求及时回应。最后,既有的成熟企业形象研究以对美国、英国等西方国家的经验总结为主,将其作为普遍性的行为模板,忽视了对中国等其他非西方国家企业国际化探索这一巨大宝库的关注,具有滞后性和片面性,已不能适应并充分解释当前国际社会竞争合作中涌现的新现象、新问题。基于此,本书采用国际传播学、国际政治学和经济学相结合的跨学科分析思路,立足于实践与理论的双重基础上,对中国高科技企业国际形象的历史变迁、危机生成和建构路径进行深入研究,以期为全面理解中国企业及中国的国际传播路径提供新的观察角度和解释路径。

一、问题意识的萌发

技术是决定全球分工体系的基础性要素,企业及其所属国家的科技水平和生产核心产品的能力,决定了某一阶段中其在国际分工中的地位和收益,能够对国际利益分配和国际权力格局产生支配性影响。

绪 论

当代社会正围绕高科技产业进行着新一轮的秩序分化与重组,该领域由此成为各国政府重点关注的竞争目标。因此,本书选择将高科技企业(high-technology enterprise)作为中国企业国际形象研究的观察窗口。根据全国科学技术名词审定委员会发布的《管理科学技术名词》,高科技企业指的是"知识密集和技术密集的经济实体,企业内从事高新技术产品研究、开发的科研人员占企业职工总数的10%以上,用于高新技术及其产品研究、开发的经费占本企业每年总收入的3%以上"[①]。具体操作中,高科技的指涉范围因不同历史阶段、不同地域而存在差异,整体上是依据当下国际竞争需求、国家战略发展导向并通过政策制定得以体现。2015年国务院印发的《中国制造2025》文件中,明确提出要大力推动新一代信息技术产业、高档数控机床和机器人、航空航天装备、海洋工程装备及高技术船舶、先进轨道交通装备、节能与新能源汽车、电力装备、农机装备、新材料、生物医学及高性能医疗器械十个重点优势和战略产业的发展,这也是本书选择具体研究对象的参考范围。

具体而言,本书聚焦于信息技术产业中的信息通信行业,主要有以下三点考虑:一是涉及技术的战略性。第五代移动通信技术(fifth generation of mobile technologies,简称5G),因具备高速率、低时延和大连接特征而成为实现人机物互联的网络基础,能够推动传统产业升级和新兴产业发展,成为推动第四次工业革命主导点的希望。可以看到当前围绕5G开发的国际竞争已不再局限于单纯的技术层面,背后折

---

① 全国科学技术名词审定委员会. 管理科学技术名词[S/OL]. (2016-08-17)[2021-01-14]. http://www.cnterm.cn/jggk/sdfwyh/glkxmcsdwyh/sdcg_34158/201608/t20160817_345096.html.

射出的更多是对全球主导性生产关系甚至是政治制度和社会治理体系的争夺。二是中国信息通信行业发展历程的典型性。从"1G落后、2G追随、3G突破、4G同步到5G领先"①,从国内通信市场份额被"七国八制"瓜分到民族企业奋起直追并走向海外市场,再到成为国际领导者之一,信息通信行业的成长历程无疑是中国高科技企业的发展缩影,能为中国企业海外发展和形象变迁过程提供完整的观察样本。三是面临国际形象问题的集中性和严峻性。2018年3月,美国贸易代表办公室(USTR)发布了针对中国工业与科技发展的"301调查",拉开了对华"贸易战"序幕②。2019年5月,时任美国总统特朗普签署《确保信息通信技术与服务供应链安全》行政命令,声称部分外国企业的通信设备已对美国国家安全构成严峻威胁,全面禁止相关机构购买或使用其服务③。以此为标志,美国对华打压迅速从"贸易战"的表象深入到"科技战"的内核,通过出口管制、投资安全审查、经济制裁、司法干预和限制人员交流等各类方式,企图遏制中国在核心竞争力方面的提升。在此过程中,被率先发难、遭受打击最大且至今仍未找到有效突破口的中国信息通信行业,始终站在风口浪尖"为国受难",吸引了全球舆论场的持续高度关注。基于对以上背景信息的思考,本书进一

---

① 余建斌.5G打开巨大发展空间[N].人民日报,2019-06-14(9).
② Office of the United States Trade Representative. President Trump announces strong actions to address China's unfair trade[EB/OL]. (2018-03-22)[2021-01-20]. https://ustr.gov/about - us/policy - offices/press - office/press - releases/2018/march/president - trump - announces-strong.
③ White House. Executive order on securing the information and communications technology and services supply chain[EB/OL]. (2019-05-15)[2021-01-21]. https://trumpwhitehouse.archives.gov/presidential - actions/executive - order - securing - information - communications - technology-services-supply-chain/.

步延展出了四个面向的具体问题,作为全书的基础视点和论述主线。

问题一:中国企业的国际形象是如何变迁的?该问题旨在从历史维度上探究改革开放以来,中国企业的国际形象是如何受中国企业"走出去"发展进程的影响而变化的,在各自阶段呈现出何种集体性表征,以此为高科技企业国际形象的具体呈现提供时代坐标和理解脉络。

问题二:在特朗普政府发动的"科技战"中,中国高科技企业的国际形象是如何呈现的?该问题旨在从他塑角度进行形象的外部测量,探究代表性媒体在该阶段对中国高科技企业形成的叙事逻辑、话语框架及其与全球政治经济格局间的互动关联,以此厘清中国高科技企业所处的整体舆论环境。

问题三:在特朗普政府发动的"科技战"中,中国高科技企业的国际形象是如何生成的?该问题旨在从自塑视角进行形象的内部观察,探究在极端的政治经济危机事件中,影响中国高科技企业负面形象生成的关键要素有哪些,其相互间的作用路径和系统性的生成机制如何。

问题四:构建中国企业国际形象战略传播体系的理论依据和现实路径有哪些?该问题旨在探讨基于实践经验的中国企业国际话语体系的生成可能,以形成同中国企业实力相匹配的国际话语权,为企业发展营造稳定正向的外部舆论环境。同时在更广阔的国际传播秩序的变动背景下理解中美高科技话语权争夺的历史意义,为加强和改进中国国际传播工作提供有益补充。

二、问题探析的途径

(一) 案例研究

本书采用案例研究法,对中国高科技企业国际形象呈现这一复杂问题进行全面而深入的考察,在企业形象理论框架的指导下,既聚焦于信息通信行业在形象问题发展上的典型意义,也对行业中出现的代表性案例展开具体分析。该方法属于定性研究的一种,指的是"综合运用多种收集数据和资料的技术与手段,通过对特定社会单元中发生的重要事件或行为的背景、过程的深入挖掘和细致描述,呈现事物的真实面貌和丰富背景,从而在此基础上进行分析、解释、判断、评价或者预测"[①]。相较于实验法,这种路径不依赖大规模的抽样调查,既不对研究问题进行背景控制,也不干预要素的变化过程,而是注重选择一个或多个案例进行逻辑分析,有从具体经验走向一般性理论建构的可能。实施案例研究的基本过程包括明确研究问题、提出理论假设、确定分析单位、形成连接数据和假设逻辑、解释研究结果的标准等。在形成案例库的过程中,为了保证资料的现场性和原始性,常选用访谈法、档案记录法和参与式观察法等收集、记录和整理资料。

本书选择将中兴通讯(Zhongxing Telecom Equipment,英文简称ZTE,下文简称"中兴")作为单一案例进行研究。该公司成立于1985年,是为全球电信运营商、政企客户和消费者提供综合通信信息解决方案的供应商,已在香港和深圳两地上市,目前业务覆盖160多个国

---

① 王金红.案例研究法及其相关学术规范[J].同济大学学报(社会科学版),2007(3):87-95,124.

家和地区,服务全球1/4以上人口[①]。案例的代表性主要体现在以下四个方面。

第一,行业领先程度。根据权威专利数据公司IPlytics统计显示,截至2021年11月,中兴在5G标准必要专利族声明数量和获3GPP组织批准纳入5G标准的专利贡献数上均居全球第四位,是当下全球5G技术研究和标准制定的主要参与者和竞争者,由此围绕其的国际关注和因其形成的形象认知非常密集,可以收集到大样本的观察材料。

第二,形象危机程度。中兴是首家因所谓"合规"问题遭受特朗普政府公开化、密集化打压的中国高科技企业,是中美"科技战"的起点。面对美国的极限施压,中兴在自有体系建设不足、尚无前人经验参考、反应准备时间缺乏的情况下被动应对,在双方政府协调下以认缴罚款结束危机,导致企业声誉全面跌落,体现了早期阶段中国企业在应对形象危机时比较生疏的特点。

第三,形象的前后对比程度。从2016年3月被美国初次限制出口,到2018年4月爆发的集中制裁,再到2018年12月起"华为事件"的连带效应,中兴三进舆论场,其形象呈现也随着国际政治经济发展的不同阶段而出现明显转折,有利于深度解析企业形象生成与制度环境的互动关联。

第四,案例的完整程度。相较于同行业的另一家中国企业华为,中兴的形象事件已暂时告一段落,而非处于进程之中,事后中兴实施

[①] 中兴通讯. 公司简介[EB/OL]. [2021-01-25]. https://www.zte.com.cn/china/about/corporate_information/Company_Introduction.

了一系列形象重塑举措并获得了一定改观。因此,本书能够借此得到包含事件起因、发展和结果在内的较为完整的分析样本,并对其行为的有效性进行检验,在此基础上对中国高科技企业形象的整体发展提供借鉴。

(二)话语分析

本书在第四章中采用话语分析法对代表性国际媒体关于中国高科技企业的新闻文本进行语义和结构分析。这种方法以符号学为整体理论背景,认为话语具有促成社会行动和联结社会身份的现实建构功能,既在微观层面关注话语自身的文本结构、组织机制和修辞策略,也在宏观层面就话语和社会文化的互动关系进行社会认知功能、社会交往功能和社会权力功能等方面的探讨。从方法上看,话语分析法可以分为五大类:解析文本组织系统及其实现方式的结构分析法;突出所处语境作用的社会文化分析法;关注思维过程对话语生成和解读影响的认知分析法;揭露社会问题和政治取向的批评分析法;融合以上路径的综合分析法。本书根据詹姆斯·保罗·吉(James Paul Gee)提出的语言具有的"七项构建任务"①以及每项任务引出的问题,结合以上方法对相关媒介报道所指涉的意义、活动、身份、关系、立场和策略、联系、符号系统与知识进行逐一识别,并结合国际政治经济环境对围绕中国高科技企业的媒介话语进行深度分析,以判断全球真实的舆论分布情况。

在分析对象的选择上,本书综合考虑了目标媒体在全球舆论场中的整体影响力、财经类媒体对信息通信行业报道的专业性,以及我国

---

① 吉.话语分析导论:理论与方法[M].杨炳钧,译.重庆:重庆大学出版社,2011:11-14.

信息通信行业的全球产业链与市场分布特征,设定了三个层次的研究主体:第一层关注美国媒体,选择了《纽约时报》(*The New York Times*)、《华盛顿邮报》(*The Washington Post*)和《华尔街日报》(*The Wall Street Journal*)3家媒体为代表样本,作为对华"科技战"的舆论生成核心,它们是影响中国高科技企业国际形象呈现的话语起点和议程主导者;第二层关注欧洲媒体,选择欧洲五大电信运营商所在地的德国《明镜周刊》(*Der Spiegel*)、英国路透社(Reuters)、法国法新社(Agence France-Presse)、意大利《晚邮报》(*Corriere della Sera*)和西班牙《世界报》(*El Mundo*)5家媒体为代表样本,作为美国的西方阵营盟友,它们是美国话语在全球范围传播的重要中转场;第三层关注其他国家媒体,选择了中东地区沙特阿拉伯《新闻报》(*Arab News*)、阿联酋《海湾新闻报》(*Gulf News*)、卡塔尔半岛电视台(Al Jazeera),以及东南亚地区的泰国《民族报》(*The Nation*)、菲律宾《马尼拉时报》(*The Manila Times*)、印度尼西亚《雅加达邮报》(*The Jakarta Post*)6家媒体为代表样本,它们是西方之外的、中国企业5G部署的关键潜力区域。在中国拓展西方市场整体受挫的情况下,这些国家仍与中国保持着较为友好的合作关系,可以由此考察西方话语扩散的有效性。鉴于"科技战"集中爆发于特朗普政府首个任期内,因此本书将话语分析范围限定于2018年4月16日美国宣布对中兴实施销售禁令至2021年1月20日拜登正式就任美国总统这一时间段内,以"ZTE"或"Zhongxing"为关键词在数据库及各媒体官网上进行检索,构建起含12家媒体在内的语料分析库。

(三) 访谈

本书在第五章中对中兴案例涉及的关键人物开展访谈,通过对一手资料的分析归纳,从内部视角还原企业形象危机爆发和应对的全过程,了解当事人对危机产生原因的看法,描述其开展危机应对的行为意义,呈现其认知、行为与结果间的相互作用,在此基础上识别、精炼和定义相关概念和主体,从而形成关于中国企业国际形象呈现的理论或假设。赫伯特·鲁宾(Herbert Rubin)等提出,深度访谈法的优势在于描述社会和政治过程,能够就某一具体事物是怎样变化、为何变化以及在更大范围内意味着什么等抽象问题进行充分解释[①]。卜卫根据调研对象和形式的不同将访谈法分为五类[②],本书主要体现其中三种:一是知情人访谈法,即研究者在现地考察过程中倾向与能够提供更多有价值信息的人开展对话;二是应对式访谈法,即研究者根据研究目的和理论框架设定访谈问题,请预先被选定的人逐一回答;三是焦点小组访谈法,即研究者引导对某话题具有共同经验的6至12人就某一固定结构展开讨论,在此过程中参与者的表达欲被不断激发,从而不断对既有研究资料进行完善和补充。

本书在访谈对象的选取上注重全面性、精确性和说服力。2020年1月至2021年8月间,笔者以现场采访或电话访谈的形式,对2018年4月美国制裁中兴事件发生后的17位中高层主管进行了长达18小时的深度访谈,形成了27万字采访素材。与此同时,笔者对帮助应对此次形象危机的政府人士、新闻传播学学者、信息通信行业专家、媒体从

---

① 赫伯特·鲁宾,艾琳·鲁宾. 质性访谈方法:聆听与提问的艺术[M]. 卢晖临,连佳佳,李丁,译. 重庆:重庆大学出版社,2010:3.
② 卜卫. 论传播学定性研究方法[J]. 国际新闻界,1996(6):46-51.

业者、公关公司负责人、金融机构从业者等共计 38 人进行了 5 次焦点小组访谈,时长总计 17 小时,形成了近 25 万字的记录素材。对访谈对象的选取兼顾了内外视角的平衡性,收集到了较为全面的分析资料。考虑到行业的敏感性,本书对采访对象均进行了匿名化处理。

在访谈内容的设计上,本书采用结构式、半结构式和开放式问题相结合的提问方式,设置了通用类问题和岗位针对性问题两大模块。其中,通用类问题包括"企业形象定位与认知"8 道问题以及"企业形象危机形成原因和应对举措"10 道问题,主要围绕危机发生前后内部员工对企业形象的认识对比、对危机爆发原因和影响的界定等进行交谈;岗位针对性问题在"未来企业形象建设思路"的统一主题下,根据受访者的职务属性进行了针对化设计,主要围绕危机后的企业形象恢复举措,根据访谈需求包含 5 至 15 道具体问题。

(四) 参与式观察

要深入理解组织内"人"的要素,仅靠文本分析和深度访谈还远远不够。本书在第五章中配合使用参与式观察法进行现场资料搜集,在近距离观察甚至是工作流程的直接参与中,深刻理解以中兴为代表的高科技企业在形象塑造中的优势与不足。参与式观察法是田野作业的一种,它使研究者直接参与到所研究的社会情境中去,有利于弥补局外人难以"进入"的现实问题。在换位思考和情感介入下,研究者能够在与被调研群体的相互作用中直观地记录其日常言行,捕捉到平时难以接触到的原创细节,从而在"入场"与"抽离"中用更加辨析的视角看待所研究事物的发展全过程、人与事件的组合关系,以及事件呈现出的不同模式特征。根据观察者身份是否公开这一标准,参与式观察法又分为公开性参与式观察法和隐蔽性参与式观察法两类。其中，开展公开性参与式观察法时，研究者会提前向被调研群体声明自己的身份，这样更有益于获得非正式渠道的个人理解或正式渠道的合作。公开性参与式观察法多见于企业等组织机构引入外部顾问以进行项目设计或管理诊断，这也是本书选择的路径，但也存在着被调研者因受到外界关注而有意识改变自我言行的局限性。

为开展研究，作者先后开展了两次参与式观察，为期两个月。第一次在所涉案例企业主管品牌与传播工作的部门进行，通过对其的观察，尝试厘清企业形象塑造的内容重点、日常工作机制与流程、人员队伍建设、企业文化氛围等具体事项，并在此过程中完成对事件亲历者的访谈。第二次在北京负责国有企业管理的某部委新闻中心品牌传播处进行，可以通过对其的观察从宏观层面把握中国高科技企业国际形象的整体发展现状、顶层设计思路、重点工作方向和既有先进经验，从而为本研究提供整体的政策背景支撑。

三、问题呈现的脉络

本书分为七个章节进行撰写，各章节内容安排如下。

第一章为绪论部分，对本研究开展的背景进行介绍，阐释可以产生的理论与实践意义。此外还对本研究的整体设计进行了说明，包括研究对象的明确、研究问题的设计、研究方法的选用和撰写框架的安排。

第二章为文献部分，是指导本研究后续开展的理论依据和基础。该章首先对"企业形象"这一核心研究概念进行了系统回顾，梳理了代表性学者对该概念的提出背景、内涵定义、构成要素、属性特征、生成过程以及效能等方面问题的讨论。其次采用科学知识图谱绘制的方法,对企业形象的国内外既有文献进行全文本的可视化和序列化呈现,在不同时间和空间维度上挖掘该领域研究的前沿、热点与重点,生成了关于企业形象研究的完整生命周期和知识脉络。

第三章为历史回顾部分,在国际政治经济环境变动的宏观视角下,将中国企业的国际形象作为一个整体进行探讨,从集体普遍性和行业特殊性两个角度理解中国高科技企业国际形象发展所处的时代坐标,准确厘清其面临的新机遇、新要求和新挑战。根据中国企业"走出去"的不同时期特征,本章将其企业形象的发展过程相应划分为聚焦产品形象、聚焦技术形象、聚焦合规形象、聚焦安全形象和聚焦企业声誉五个阶段。

第四章为媒介分析部分,将媒介话语作为大众传播空间内形塑中国高科技企业国际形象的主要推动力,选取不同地区的代表性媒体进行新闻文本分析,辨析话语核心和外围的不同议题特征,以较为全面地展现以信息通信行业为代表的中国高科技企业国际形象的发展现状,寻找话语突破的可能。

第五章为案例分析部分,聚焦于美国制裁事件背景下的中兴样本,通过深度访谈法和参与式观察法从内部视角还原危机爆发的全过程、解读发生原因、展示后续应对举措,以为处于国际形象危机中的其他中国高科技企业提供切实的实践支撑和经验借鉴,提炼政治危机环境中中国企业的负面形象生成机制。

第六章为建构路径部分,旨在形成关于中国高科技企业国际形象塑造、传播和危机应对的理论框架和方案建议,为后续的企业行动提供学理支撑。

第七章为总结讨论部分,对本书的主要发现和观点进行总结,阐明本研究的创新性所在,以及在未来可供继续完善的局限与不足之处。

第一章
企业形象的研究回溯

为了进一步厘清企业形象的概念定位与学理脉络,在正式研究开始前,本章首先采用科学知识图谱绘制法(mapping knowledge domain),将知识资源及其文本载体作为基础计量分析单位,通过知识图形的可视化和知识谱系的序列化开展系统性文献研究。对于这一新方法,目前学界引用较多的是大连理工大学陈悦和刘则渊团队给出的定义:"以科学学为基础,涉及应用数学、信息科学及计算机科学诸学科的交叉领域,把现代科学技术知识的复杂领域通过数据挖掘、信息处理、知识计量和图形绘制而显示出来,是科学计量学和信息计量学的新发展。"[①]在具体的实施中,当下影响力较大的分析工具是基于 Java 应用程序的 CiteSpace 软件,由美籍华人陈超美在 2004 年开发。它不仅能通过对某一学科领域中的总体发文量及时间分布、国别来源、机构来源、学科分布、作者来源、文献共被引量、关键词共现、主题凸现等关键节点的识别和计算,完整直观地呈现既有知识单元及不同单元群间的兴起、互动、交叉、热点、衍生规律,帮助揭示该领域知识关系结构和动态发展脉络的全景式信息,还能在一定程度上发掘理论前沿并预测未来的研究走向,孕育着生产新知识的可能,较好地兼具了"图"与"谱"的双重功效。

自 21 世纪初兴起以来,科学知识图谱绘制的方法多集中应用于国外的信息科学、生命科学等技术科学领域,国内的图书情报学、管理

---

① 陈悦,刘则渊. 科学学研究[J]. 科学学研究,2005(2):149-154.

学、科技政策、教育学等方面也有涉及。近年来,国内新闻传播学领域也逐步跟随,较为有限地引入了该方法,在论文应用数量上呈现出了一定的增长趋势,并在新媒体、舆论学等议题上出现了小规模聚集。李彪和赵睿提出,国内新闻传播学科的综述研究以定性文献综述类和内容分析类为主,多围绕某一具体话题领域、某一较短时间内的学科发展评述以及学科发展特点与问题的整体分析三类展开[①]。然而随着时间跨度的拉长、研究数量的指数级增长以及各研究相互关联的庞杂性,定性文献综述法主观性强的缺陷多引争议,借助 UCINET 软件进行的社会网络分析和借助 SPSS 软件进行的多维尺度分析等定量文献统计法,也因功能单一且操作流程复杂经常会让研究者力不从心,对文献进行数据挖掘的需求日益凸显。

综合以上原因,本章在对企业形象概念综述的基础上,纳入了科学知识图谱绘制法,采用 CiteSpace 软件对该主题进行全时段、全文本分析,以求在最大程度上避免研究者因自身知识结构缺陷、前置性预设和功利性动机带来的非客观判断[②],并结合传统文献研究的优势,对其中出现的代表性文献进一步整理、剖析,全面呈现企业形象研究的中外动态发展历程。

在英文文献方面,本章将 Web of Science 核心合集数据库作为检索来源,对自然科学(SCIE)、社会科学(SSCI)、艺术及人文科学(A&HCI)三个期刊引文子数据库中逾 2.1 万种同行评审的高质量期

---

① 李彪,赵睿. 新世纪以来新闻传播学研究的生命周期及学术权力地图(2001—2016)——基于科学知识图谱的分析[J]. 国际新闻界, 2017, 39(7): 6-29.
② 马超. 反思与超越:科学知识图谱在新闻传播学的知识生产检视[J]. 新闻与传播评论, 2018, 71(6): 121-136.

刊进行文献文摘索引。在具体执行路径的设定上,检索"主题=(corporate image)",时间为"开放日期至2021年12月31日",语种为"英文",文献类型为"期刊论文",初步得到5777条样本。经过进一步人工筛选,剔除无关文献35篇(一般为卷首语、征文通知、会议报道、书评或与研究主题无直接关联的内容),导出包含"全记录与引用的参考文献"的纯文本格式,再经CiteSpace软件的去重和标准化处理,最终确定了5734篇有效分析样本。

在中文文献方面,本章将中国知网作为检索来源,对包含8684种期刊在内的全文数据库进行文献文摘索引。在具体执行路径的设定上,检索"主题=(企业形象)",时间跨度为"开放日期至2021年12月31日",语种为"中文",文献类型为"学术期刊",初步得到15203条样本。经过进一步人工筛选,剔除了无关文献4614篇,导出RefWorks文本格式,再经CiteSpace软件的去重和标准化处理,最终确定了10582篇有效分析样本。文献筛选流程如图2-1所示。

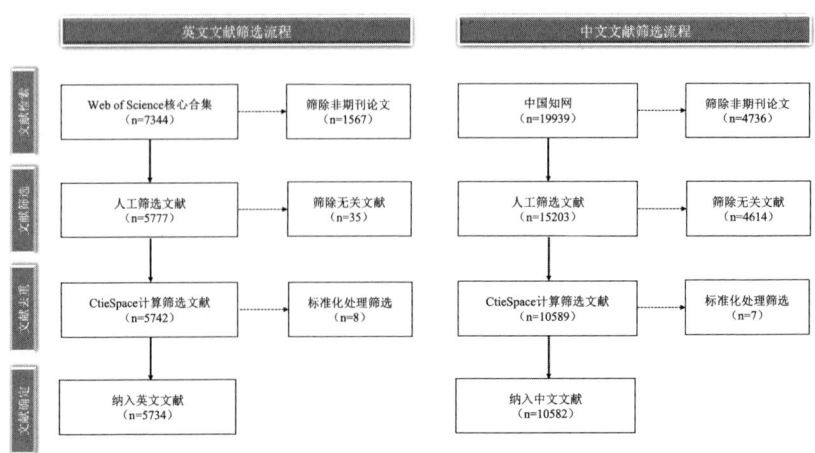

图2-1 关于企业形象的中英文文献筛选流程图

接下来，本章对 CiteSpace 软件进行基础参数设定，计算日期为"2021 年 12 月前"，时间分区为"1 年"，术语来源包含来源文献的标题、摘要、作者关键词和关键词扩展，术语类型为"名词短语"。为了更加清晰地聚焦于关键信息，在每个时间分区中提取被引次数最高的 50 篇文献，在按被引次数排序后，保留最高的前 10%析出内容作为节点进行可视化呈现。除特别强调外，在对各对象的分析过程中保持基础参数不变。

第一节　核心概念辨析

对"形象"一词的理解首先来自其基本词意。从词语构成来看，《辞海》指出，"形"有形象和形体、形状和外貌、显露和表现、对照等含义；"象"则有形状、模拟和效仿、现象和表现、想象等含义。在词组的整体性认识上，《新华字典》将"形象"定义为："人或事物具体的相貌和样子；用来帮助理解或引发思维活动的具体形状；文学艺术区别于科学的一种反映现实生活的特殊手段，即根据现实生活各种现象加以艺术概括所创造出来的具有一定思想内容和艺术感染力的具体生动的图画，包括人物、事件、自然景物等。"英文中的"image"一词与中文语境下的"形象"概念基本对应，据《韦氏词典》释义，它指的是"借助摄影材料、电子器械或光学设备对某物的外形描摹或视觉呈现；个体对某事物形成的心理画面和印象，或群体成员共同持有的心理概念，象征着一种基本的认知态度和行为导向；一种关于个人、机构或国家的流行观念，主要借由大众媒体的传播而产生"。

传播学对形象的理解更为聚焦，将其视为信息传递的加工产物：物质在不断运动过程中产生的不同特征和差异，在中介符号的调节作用下经过一次变形而形成讯息,并以一个具体内容或一组信息符号的形式呈现,即所谓"形";讯息在传输过程中受外界其他符号或噪声的干扰发生二次变形,之后通过一定的媒介传输到受众大脑,受其中既有符号系统的深度加工进行第三次变形,生成一些抽象的模式化概念或观念,即所谓"象";在特定外部条件的激发下,大脑通过某种媒介将该印象输出,在不同传输环境和条件的作用下发生第四次变形,最终形成关于某事物的综合印象,即"形象"。形象的生成过程如图2-2所示。由此可知,形象的生成过程兼具物质性存在和精神性建构的双重特性。其中,"形"以事物自身具备的客观要素为基础,无法凭空捏造;"象"是外部建构的结果,具有强烈的主观意识性,且能进一步对事物本体产生反作用力。"形"与"象"二者相互作用、缺一不可,最终构成对"形象"的多面阐释。

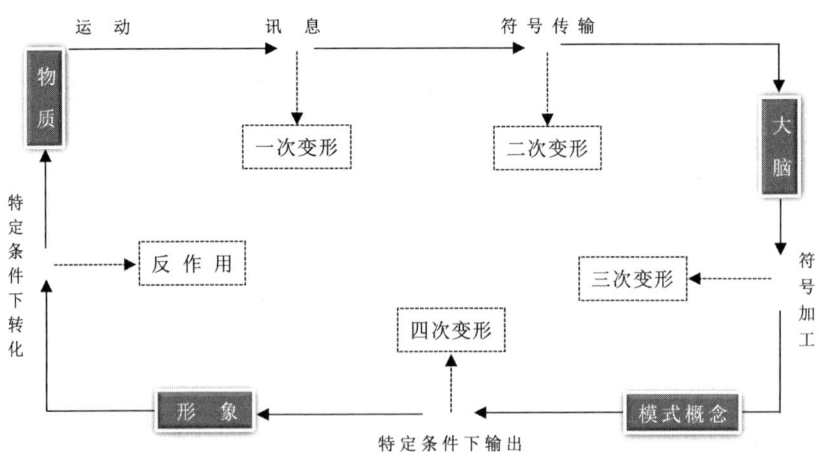

图2-2 形象的生成过程图

企业是以满足社会需求并以获取利润为目的,从事商品生产、流通和服务等经济活动的经济组织。关于企业形象(corporate image)的研究起源于20世纪50年代的美国,最初以服务"二战"后兴起的大规模生产经营活动和消费品营销的实际需要为目的,随后拓展到全球范围内,引起了多国学者的重视,并受各国社会发展路径不同的具体影响,呈现出了各具地方特色的以应用导向型为主的研究传统。1988年,中国成立了首家将企业形象设计作为主营业务的机构——广州新境界设计群。该机构成功主导了广东太阳神集团的营销案例,通过企业形象的视觉设计系统导入和电视广告投放迅速提升了其知名度,使其从营业额规模只有520万元的乡镇企业到1993年一跃成为12亿元营收的全国龙头企业,由此引发了业界和学界的广泛重视,促使中国正式迈出了对企业形象研究的步伐。

在最初的研究中,赫伯特·纽曼(Herbert Newman)[1]是第一位将企业形象与人的性格进行横向比较的学者。肯尼斯·博尔丁(Kenneth Boulding)认为企业形象并非企业事实,而是经变动的个人价值体系筛选后的讯息,提出了"所信即真实、所信即形象"的观点[2]。查尔斯·斯旺森(Charles Swanson)从消费者角度明确了追求理想化形象目标对企业经营的重要性[3]。但直到1958年,皮埃尔·马蒂诺(Pierre Martineau)首次将企业形象划分为功能属性和心理属性两类,并提出前者由商店、广告、色彩、销售人员、产品、价格和包装等有形要素呈现,后者由消费者的购买预期、购买体验甚至错觉等心理态度和

---

[1] NEWMAN H. The corporation as a device for the avoidance of federal income taxes[J]. Delaware notes,1953:21-50.
[2] BOULDING K. The image:knowledge in life and society[M]. First edition. Ann Arbor:The University of Michigan Press, 1956:3-18.
[3] SWANSON C. Branded and company images changed by advertising[M]. Chicago:ADMAP,1957:302-318.

看法构成①,企业形象研究才真正进入系统化和理论化的密集阶段。

一、对企业形象内涵的定义

有学者从形象的经济价值入手,视企业形象为无形资产和潜在业绩,如加藤邦宏认为企业形象是对产品质量或服务特色的保证,能够直接影响消费者的购买选择②。黎志成和刘枚莲定义企业形象以及企业的知名度、信誉度和美誉度为商业营销模式下的经济资产,是企业通过外部表征和经营实力表现出来的、被消费者和社会公众认同的整体印象③。有学者从形象认知的主观性入手,如埃德加·冈瑟(Edgar Gunther)将企业形象视作公众对企业的知识、情感、思想和信念的综合体④。格雷厄姆·道林(Grahame Dowling)指出企业不会天然拥有形象,人才是形象的持有者,公众的信念、想法、感受和印象相互作用生成企业形象,可以据此对一家企业进行了解、描述、判断和联想⑤。龚凯进将企业形象总结为企业在全部活动中显现出的个性化特征与品质,代表的不仅是企业自身文明的总体状态,也是社会大众对企业的印象和评价⑥。艾德蒙·格雷(Edmund Gray)和约翰·巴尔末(John

---

① MARTINEAU P. The personality of the retail store[J]. Harvard business review, 1958(36):47-55.
② 加藤邦宏. 企业形象革命[M]. 艺风堂出版社编辑部, 编译. 台北: 艺风堂出版社, 1988: 221.
③ 黎志成, 刘枚莲. 电子商务环境下的消费者行为研究[J]. 中国管理科学, 2002(6): 88-91.
④ GUNTHER E. Evaluating corporate image measurements: a review of techniques[C]. New York: Advertising Research Foundation, 1959: 61-66.
⑤ DOWLING G. Managing your corporate images[J]. Industrial marketing management, 1986, 15(2): 109-115.
⑥ 龚凯进. 关于企业形象若干认知问题的综述[J]. 企业文明, 1996(6): 22-25.

Balmer)提出了更为直观的定义,认为企业形象是受众即时性的心理印象,即当人们看到或听到企业名称或标志时脑海中立刻浮现的景象[1]。陈尧坤和陈毅文进一步论证了企业形象不是公众对企业简单的性质判断,而是基于自身直接或间接利益进行的选择性信息接收和主观加工,是价值判断和性质判断的统一,求善求美的要求重于求真[2];还有克里斯汀·莱尔顿(Christine Riordan)等基于管理视角讨论,将企业形象作为组织信号的一种功能,认为其能够决定利益相关者对组织行为的看法,因此要被作为绩效指标在企业领导者和员工中进行关联检验[3]。

二、对企业形象构成要素的探讨

理查德·哈里斯(Richard Harris)最早将企业形象拆分为整体形象、组织机构形象、产品线形象、产品形象、品牌形象、传播形象和消费者需求形象七种[4]。艾伦·斯佩克特(Aaron Spector)认为企业形象是客户对特定制造商及其产品的购买偏好,因此企业形象的本质应是积极的,可从充满活力的、善于合作的、商业精明的、良好声誉的、经营成功的和沉着独立的六个维度进行分类[5]。饶德江和杨升初明确提出了

---

[1] GRAY E, BALMER J. Managing corporate image and corporate reputation[J]. Long range planning, 1998, 31(5): 695-702.
[2] 陈尧坤,陈毅文. 企业形象研究综述[J]. 心理学动态, 1999, 7(1): 44-51.
[3] RIORDAN C, GATEWOOD R, BILL J. Corporate image: employee reactions and implications for managing corporate social performance[J]. Journal of business ethics, 1997(16): 401-412.
[4] HARRIS R. How creativity in marketing can develop the image that counts: the consumer demand image[J]. Advertising age, 1958, 29(21): 61-66.
[5] SPECTOR A. Basic dimensions of the corporate image[J]. Business source complete, 1961, 26(6): 47-51.

依据可见性、现实性、真实性、行业性、指示倾向性和形象效应等六个指标进行分类的标准,同时参考审美直觉心理学以及消费者对企业的主要接触途径,提出了包括价格形象、责任心形象、声望形象、特色服务形象的营销创造力形象,包括态度倾向形象和情感倾向形象的心理感染力形象以及包括群体适应形象、阶层适应形象和风俗适应形象的环境适应力形象三种[1]。陶勤海等基于不同主体的认知视角将企业形象分为内外两类,其中内部形象由卓越管理、潜在效率、经济效益和无形资产形成的总和构成,外部形象为社会公众对企业理念、行为和相关表现方式产生的总体看法和认知[2]。罗长海运用辩证唯物主义的感觉论、比较论、系统论、形象思维论和实践论,从塑造角度将企业形象深度解析为个体形象、类形象、组织形象、艺术形象和创造形象五个层面[3]。隋岩和张丽萍从符号学角度出发,提出企业形象由碎片化的能指系统和意指系统构成,可被具体化表现为产品外观、品牌名称、标识等视觉符号,一个故事与一种文化的理念符号,一个人物与一项服务的行为符号[4]。

三、对企业形象特性的关注

既有研究中有五个代表性观点:

(一)强调企业形象是主客观结合的产物

罗长海不赞成心理学派仅聚焦于人的感知印象、将企业实体排除

---

[1] 饶德江,杨升初.企业形象塑造[M].长沙:湖南出版社,1997:61-71.
[2] 陶勤海,应勤海,龚仰军等.企业形象设计[M].第一版.上海:立信会计出版社,2001:1-5.
[3] 罗长海.关于形象五层含义的哲学思考[J].社会科学辑刊,2002(3):19-24.
[4] 隋岩,张丽萍.企业形象的碎片化呈现与传播[J].新闻大学,2013(5):126-133.

在形象内涵之外,认为企业形象应是客观形象、主体形象和社会形象三者的有机结合①。胡钰等提出企业形象建构应包含自塑和他塑两个完整维度,因此对形象的理解既应该纳入客观层面的企业组织架构、治理结构和经营机制,也应该有主观层面的社会公众褒贬与夺,不能割裂思考②。

(二) 整体性和战略性

该观点认为企业形象是复杂因素相互作用、彼此关联的综合结果,是物质表征、社会表征和精神表征的高度统一③,涉及面广阔,非一朝一夕可以完成,因此必须着眼于公司的长远发展,从战略高度进行制度、体系和人员等方面的安排④。

(三) 相对稳定性

该思路发现,形象形成于企业的长期经营中,具有较为稳定的企业实体支撑,且尽管微观个体对其认知有所差异,但受社会整体价值观和审美观的影响,公众对企业优劣的评价标准趋于一致,因此形象一旦确定后就很难改变,需要持之不断地累进和努力⑤。但这并非绝对,玛丽索尔·桑多瓦尔(Marisol Sandoval)⑥和 T C 梅乐维(T C

---

① 罗长海. 企业文化学[M]. 北京:中国人民大学出版社,1991:314-320.
② 胡钰,汪帅东,王嘉婧. 论企业形象:如何成为受赞誉的企业[M]. 北京:中信出版社,2019:14.
③ 高立胜. 企业形象[M]. 沈阳:辽宁人民出版社,1994:7-14.
④ 刘彧彧. 企业形象力:中国学院派企业形象诊断咨询理论与应用[M]. 北京:中国市场出版社,2006:38-40.
⑤ 赵景华,王爱华. 企业形象设计[M]. 第一版. 济南:山东友谊出版社,1998:10-12.
⑥ SANDOVAL M. From corporate to social media: critical perspectives on corporate social responsibility in media and communication industries[M]. London: Routledge, 2014:1-12.

Melewar)等①就提出,社交媒体时代莅临衍生出的舆论极化现象,可以在短期内令长期稳定的企业形象急遽变动,且这种情况多见于负面案例当中。

(四) 差异性和统一性

持此观点的学者认为,不同的个体、行业、所有权结构和国家的企业形象特性都有差异,消费者、股东、员工、政府、非营利组织和公众等利益相关者对企业形象的关注点也不尽相同,因此企业要注重差异化竞争,展示自身的性格与特长。但同时,企业形象又要遵循统一的发展规律,必须奉行行业标准、法律道德规范和社会审美取向等方面的共通因素②。

(五) 可传播性

企业信息必须借由一定的社会化传播过程才能被受众感知,这是现代企业生存和发展的必要前提,不论其中的媒介渠道来自个人的直接接触经验,还是由人际传播或大众传播带来的间接认知,且信息在传播过程中都会面临不同程度的损耗、选择性过滤和变形③。程世寿据此建议,企业要积极制定媒介战略、社区战略和时间战略,通过公关活动和新闻报道等形式,在与社会公众的广泛交往中提高知名度,完

---

① MELEWAR T C, DENNIS C, FOROUDI P. Building corporate identity, image and reputation in the digital era[M]. Abingdon: Routledge, 2022: 1-6.
② WEAVER G, TREVIÑO L, COCHRAN P. Integrated and decoupled corporate social performance: management commitments, external pressures, and corporate ethics practices[J]. Academy of management journal, 1999, 42(5): 539-552.
③ VOS M. The corporate image concept: a strategic approach[M]. Wageningen: ProQuest Dissertations Publishing, 1992: 23-28.

成企业行为规范和角色的社会化过程[①]。

另外,在企业形象的生成过程上,注重与其他关键概念的辨析和联结。罗素·布拉特(Russell Abratt)梳理了企业形象的生成与企业性格(corporate personality)、企业文化(corporate culture)、企业身份(corporate identity)和企业传播(corporate communication)间的逻辑关系。他认为,企业性格是机构智识上和行为上特征的综合,使其能与另一家企业区分开来。企业性格通过有意识的信号投射构成了企业身份,其中能够体现企业核心价值观和行为准则的高度正式化的表达即为企业文化,能够凝聚发展愿景、推动战略施行[②]。身份信号通过企业传播的步骤引导,在受众心目中形成的整体印象即为企业形象。曼托·戈茨(Manto Gotsi)和阿伦·威尔逊(Alan Wilson)从企业声誉(corporate reputation)的角度提出解释,认为企业声誉是企业相较于其他竞争者而言的对广泛利益相关者的整体吸引力。受众对企业行为的日常感知构成形象,其中持续稳定的正向价值判断即为声誉;同时,声誉又反作用于形象,是受众在短期内进行认知动态调整的依据[③]。除此之外,还有学者关注企业伦理(corporate ethics)、企业理念(corporate philosophy)、企业认同(corporate identification)等具体的积极因素对企业形象的加持。

最后,在效能问题上,既有研究围绕企业形象能否发挥作用、如何

[①] 程世寿. 企业形象的塑造和传播[M]. 北京:新华出版社,1994:56-65.

[②] ABRATT R. A new approach to the corporate image management process[J]. Journal of marketing management, 1989, 5(1):63-76.

[③] GOTSI M, WILSON A. Corporate reputation: seeking a definition[J]. Corporate communications: an international journal, 2001, 6(1):24-30.

发挥作用以及效果测评等问题展开了讨论。谢里尔·肯尼迪(Sherril Kennedy)归纳了企业形象提升的15个益处,包括普遍意义上能够带来的价值提升、激发对企业的善意行为、增进产品销量、赋予产品额外竞争优势、吸引股东投资、吸引人才就业、帮助与社区建立良好关系、帮助与政府建立良好关系、影响社会态度、增强熟悉度以赢得好感、展示公司经营状况、服务公司整体目标、帮助管理层决策、作为小型公司的竞争工具、辅助开展态度调查等[①]。乔尔·索拜尔(Joel Sobel)运用高级统计方法,为在无约束性契约情况下达成的长期合作现象提供了经济学解释模型,成为形象效能研究最有影响力的理论基础之一。该模型证明了在交易双方不确定彼此动机而又不得不作出决策时,一方对另一方的信任度由对方的先前行为决定。此前一贯提供精确有效信息或便利可靠服务的企业会更加可信,因此良好的形象就相当于在企业与利益相关者间形成的潜在契约[②]。查尔斯·丰布兰(Charles Fombrun)和塞斯·范瑞尔论证了充裕的形象资本如何使企业在全球化、信息化和商品化的时代中具备竞争优势,包括:在消费者不完全掌握产品特性的情况下影响其购买决定,增加销量和营收;形成良好的雇主声誉,便于招聘、管理和留用人才;增强投资者信心,对企业发展前景和管理层能力产生积极预期;加大在媒体上的正面曝光力度,便于引导议程设置,进而对更大范围内的社会公众产生辐射[③]。此后,有

[①] KENNEDY S. Nurturing corporate images: total communication or ego trip? [J]. European journal of marketing, 1977, 11(1): 119-164.
[②] SOBEL J. The theory of credibility[J]. The review of economic studies, 1985, 52(4): 557-573.
[③] FOMBRUN C, VAN RIEL C. Fame and fortune: how successful companies build winning reputations[M]. New Jersey: Pearson Education, 2003: 8-15.

学者进一步将企业形象的效能目标细化为认知、熟悉、喜爱、信任和支持等五个不同程度,并建议从视觉表达、好感度、建筑设计、网络形象、员工形象、态度行为一致性和对外传播七个方面展开测量[①]。

基于以上对既有文献的回顾梳理,本章创新性地将企业形象的核心要素和生成机制总结为图2-3。这套模型意在说明,企业形象是内部组织架构、治理结构和经营机制的外化投射,以及外部利益相关者通过直接或间接接触形成的反馈效应。一方面,企业形象根植于股东、管理层、员工等组织内部相关者的行为实践,通过组织架构、治理结构和经营机制的综合作用抽象为企业身份、凝练出企业文化,并向外展现出完整的企业性格,这是企业客观存在的"形";另一方面,消费者、销售商、供应商、社区、政府、媒体、公众等外部利益相关者通过视觉识别、产品购买、服务体验和行为观察等直接接触,此外还有通过口耳相传的小规模人际传播、通过社群内部沟通的群体传播与更为体系化的组织传播、通过广播电视获得广告推荐的大众传播等间接接触,建构起企业主观依托的"象"。二者耦合影响,在受众认知、熟悉、喜爱、信任、支持等不同行为意动模式上积累起正向企业声誉,最终转化为认可和认购的企业竞争力,并反过来作用于企业形象的进一步丰富和完善。

---

① TRAN M, NGUYEN B, MELEWAR T C, et al. Exploring the corporate image formation process[J]. Qualitative market research: an international journal, 2015, 18(1): 86-144.

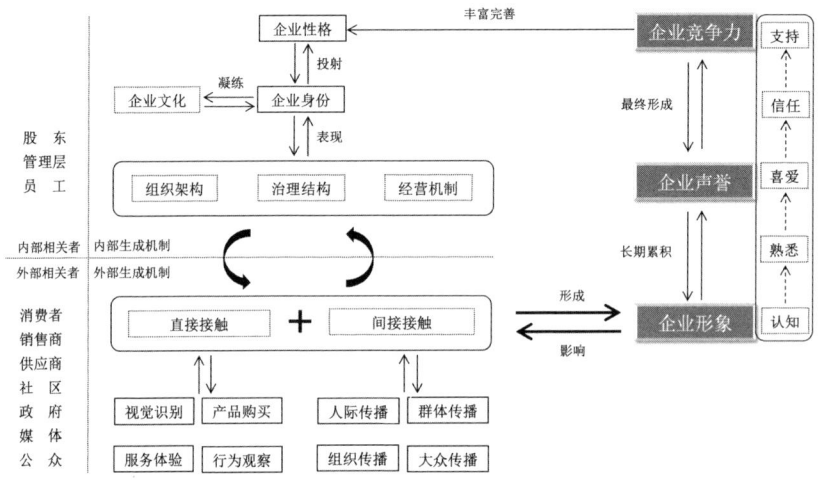

图 2-3　企业形象的核心要素和生成机制图

第二节　知识图谱分析

一、数量分布情况

在时间分布上,从本章选用的数据库检索结果来看,英文研究方面,首篇标注作者姓名的文献为约翰·巴德(John Budd)于1969年发表在 *Sam Advanced Management Journal* 上的"A mirror on corporate image"一文,但此后近30年,英文发表均维持在较低量级上。自1998年起,英文研究开始进入关键发展期,年发表量出现了明显增长,并至2008年突破百篇后持续稳步上升。2016—2017年、2018—2019年为两个爆发期,发表数量分别同比增长52%和30%,将企业形象研究带入更具规模性的发展阶段。2020年英文研究达到800篇的发文顶峰,约占总发文量的14%,之后呈回落态势,但仍维持在平均每年680篇的水平。整体来看,关于企业形象的英文研究起步较早,在发展过程中具有活跃度高、连续性强、趋势向好的特征,未来仍具备较大的拓展空间和精进潜力。

中文研究方面,早期文献以介绍西方经验为主,在起步上晚于西方30年,直到1985年才出现3篇收录文章,分别是孔祥华发表在《中国农垦》上的《搞好企业需注意人才·特长·形象》、章俊涛发表在《上海金融》上的《储蓄基层机构的企业形象》、李步超发表在《赣江经济》上的《企业形象和产品销路》,掀开了中文世界的研究序幕。伴随20世纪90年代中期中国改革开放进程的深化,加强企业研究、服务业界实践的需求日益强烈,企业形象作为具体分支,相关文献发表也呈现出勃兴态势,从1994年的88篇直接断层增长到1995年的382篇,增长率达334%,并在1996年达到593篇的数量顶峰,之后至2016年都保持在每年300篇以上的稳定发展阶段。2015年起中文研究数量整体呈下滑态势,2016年后逐步与西方拉开差距,在2021年仅有103篇发表,双方差距达6倍之多。整体来看,关于企业形象的中文研究体量优势更加突出,具有明显的阶段特征,曾经历过较为完整的萌芽、兴盛和衰落阶段,但当前面临着后继力量不足、研究边缘化的严峻挑战。文献数量的历时性分布情况如图2-4所示。

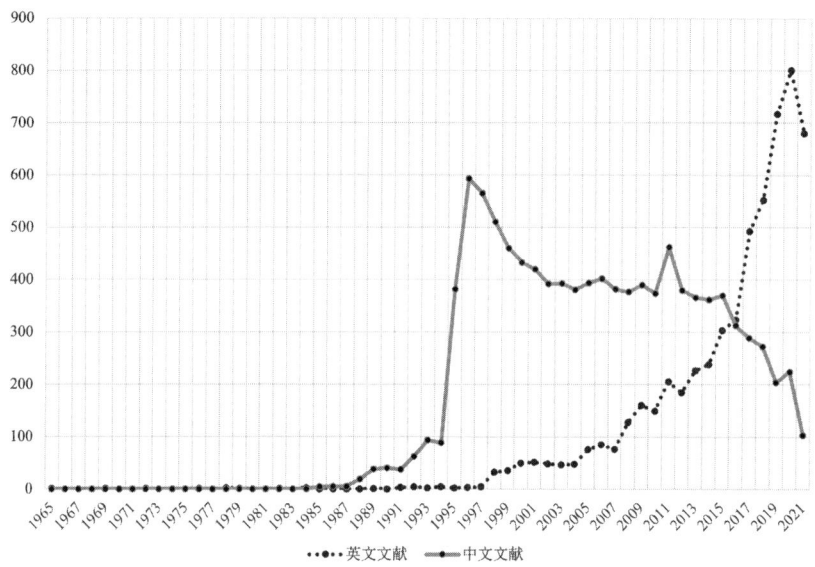

图 2-4 企业形象中英文研究数量变化

二、学术权力地图分布

通过对文献的作者来源、所在国别和机构、学科归属、发表期刊的分析,可以发现,通过研究某一科学知识生产和流通所依赖的特定场域,不仅能够从中发现持有共同基本理论、观点和方法的学术共同体,还能识别其中具有优势话语地位的主要科学家集团,从而描摹出关于企业形象研究的全球学术权力地图。

在地域分布上,考虑到中国知网收录的中文文献基本来自中国,因此本章重点对英文文献所属国别进行呈现。作为企业形象研究的发源国和重要发展国,美国以1507篇发文量高居榜首,占总数的近1/3;英国以752篇、中国以658篇(含港澳台地区)、西班牙以420篇、澳大利亚以379篇紧随其后;此外,加拿大、德国、韩国、意大利和法国的发文总量也都在180篇以上,均是具有高学术显示度的国家。可以发现,除中韩两国外,居前十位的国家都来自工业化高度发达的西方国家,特别是美国仍具有绝对优势。尽管印度、马来西亚、土耳其等新兴经济体正呈赶超之势,但尚未形成具有国际影响力的学术规模,难以将本土丰富的企业实践经验进行大规模的国际化推广,企业形象研究领域依旧存在着典型的"西强东弱"格局。地区分布情况如图2-5所示。

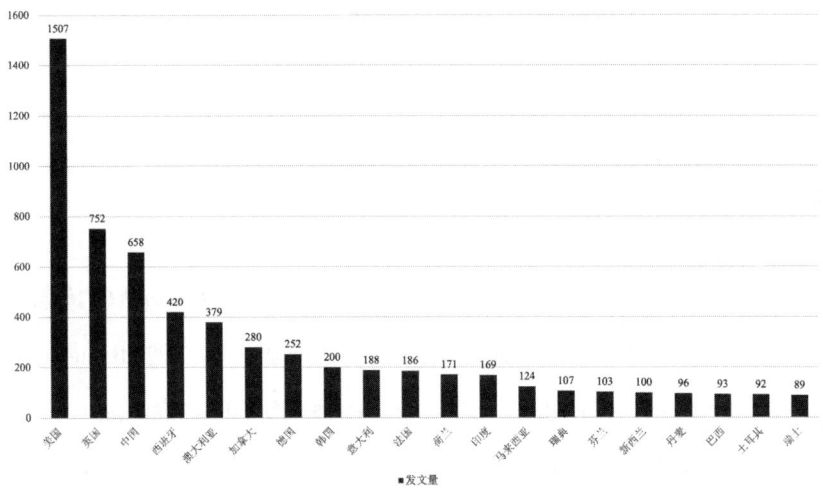

图2-5　企业形象英文研究的地区分布图

如图2-6所示,在领域分布上,企业形象的英文研究主要集中在商业营销(2362篇)、经济管理(1768篇)、环境研究(866篇)、企业传播(442篇)和企业伦理(288篇)五大类。除此之外,在绿色可持续科学技术、金融学、社会学、应用心理学、教育学、历史学和语言学等方面也达到了百篇以上的发文规模,关注到了企业经济行为、组织行为、社会行为、文化行为、技术行为等不同面向。*Journal of Business Ethics*

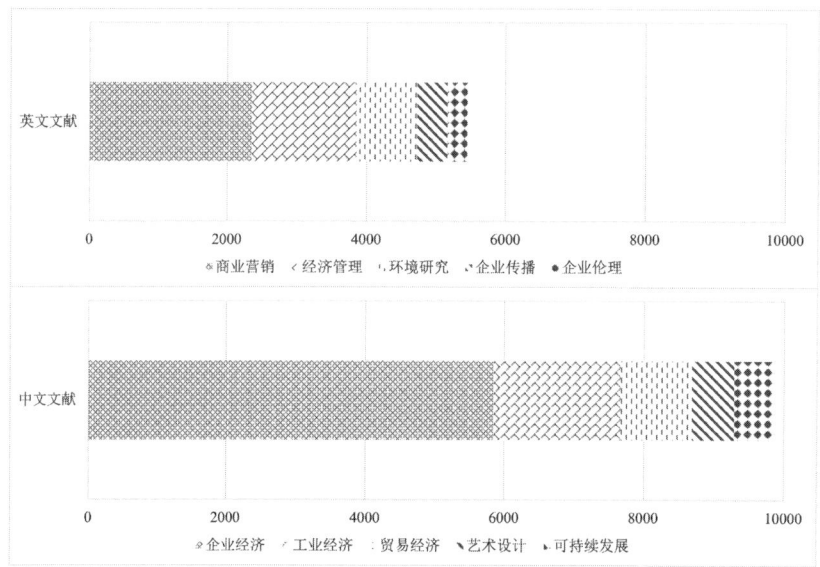

图 2-6 企业形象中英文研究的领域分布图

(231篇)、*Sustainability*(165篇)、*Journal of Business Research*(117篇)是三本刊文量最多的学术期刊,涌现出了潘迪亚·弗洛迪(Pantea Foroudi)、约翰·巴尔末(John Balmer)、T C 梅乐维(T C Melewar)、伊格纳西奥·德尔·博斯克(Ignacio del Bosque)、安德烈·雷佩斯(Andrea Pérez)和罗素·布拉特(Russell Abratt)等来自商学院的研究代表,关键作者信息见表 2-1。整体来看,英文研究涉及事关企业全面发展的多元主题,尽管仍立足于商科的学理框架和人员队伍基础之上,但话题的延展度和创新意识更强,在认识论和方法论的选择上呈现出明显的跨学科交叉特色,形成了以企业为中心的丰富研究景观。

表 2-1　发文量前六位的英文研究者

排名	作者	发表篇数	所在机构
1	Pantea Foroudi	39	英国密德萨斯大学商学院
2	John Balmer	31	英国布鲁内尔大学商学院
3	T C Melewar	25	英国密德萨斯大学商学院
4	Ignacio del-Bosque	15	西班牙坎塔布里亚大学商学院
5	Andrea Pérez	14	西班牙坎塔布里亚大学商学院
6	Russell Abratt	12	美国乔治梅森大学商学院

中文研究则更注重从宏观或微观层面描述企业形象在市场行动中的作用，因此所涉学科普遍围绕商业范畴展开，形成了企业经济（5842篇）、工业经济（1825篇）、贸易经济（1020篇）、艺术设计（601篇）、可持续发展（575篇）五大细分角度。重视不同行业的形象差异是中文研究的一大特色，在与轻工业和手工业、建筑业、通信和邮政业、交通运输业、电力、农业的具体案例的结合上，相关发文量均达到200篇以上，实践经验性和应用导向性更强。《商业研究》（93篇）、《企业经济》（61篇）和《包装工程》（59篇）是刊文量最多的三本期刊。值得注意的是，尽管体量有限，但仍出现了365篇新闻传播学相关发表，其中《对外传播》（23篇）、《新闻界》（18篇）和《新闻爱好者》（16篇）是较为突出的期刊，在《人民论坛》《湖北社会科学》《西南民族大学学报（人文社科版）》等专设版块上也有分散体现。与此同时，在领军学者中，除刘利和杨仕辉两位来自传统商科，发文量居于前列的贾春峰、林国建、李毅、胡钰等都具有一定的新闻传播学教育背景或相关工作经历，表明国内的企业形象研究已出现了明显的传播学转向，形象研究有望朝着更为专业化的方向发展。关键作者信息见表2-2。

表 2-2 发文量前六位的中文研究者

排名	作者	发表篇数	所在机构
1	刘 利	18	西南民族大学商学院
2	杨仕辉	17	暨南大学经济学院
3	贾春峰	12	中国企业文化研究会
4	林国建	7	哈尔滨工程大学人文社会科学学院
5	李 毅	7	首都经济贸易大学文化与传播学院
6	胡 钰	5	清华大学新闻与传播学院

三、共词分析和研究范式

本章采用共词分析(co-word analysis)的方法,将文献中的关键词作为基本统计单位,通过计算各关键词出现的频率、与其他关键词的连接度以及词对的中心度,确定各研究主题间的聚类关系,从而反映企业形象研究领域的热点议题和整体知识结构。该方法属于内容分析的一种,一般认为一组关键词共同出现的次数越多,它们反映的主题间的关系就越紧密。在生成的聚类图中,圆圈节点代表关键词,节点大小表示关键词出现的频率;节点间的线条表示关键词间的连接关系,线条越粗表示共同出现的次数越多;节点间的位置远近表示主题间的亲疏关系,线条颜色越深表示整体联系越紧密。

英文研究方面,聚类视图中共出现了 793 个节点和 7600 条连接线,网络密度为 0.0242,聚类的规模较大且分布集中,如图 2-7 所示。根据频率统计,排名前十位的研究热点涵盖了"企业社会责任"(corporate social responsibility)、"企业形象"(corporate image)、"企业身份"(corporate identity)、"公司业绩"(corporate performance)、"作用影响"(impact)、"企业管理"(corporate management)、"企业声誉"(cor-

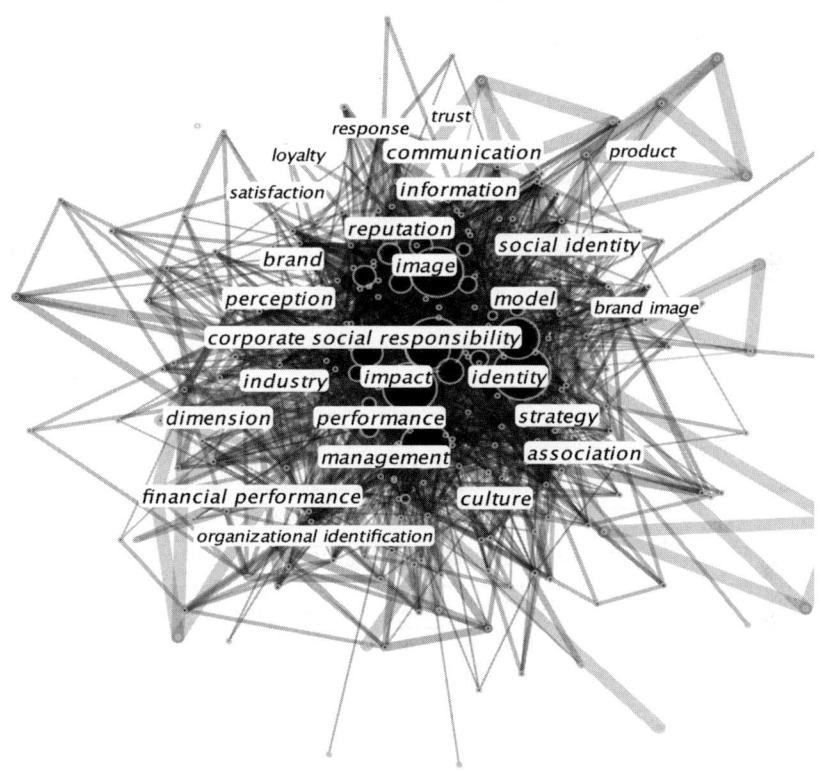

图 2-7 企业形象英文研究的关键词聚类视图

porate reputation)、"测量模型"(model)、"消费者感知"(consumer perception)和"形象战略"(image strategy)等关键词。根据关系网计算,围绕着"服务质量"(service quality)、"跨国公司"(multinational corporation)、"公司业绩"(firm performance)、"组织认同"(organizational identification)、"企业文化品牌"(corporate heritage brand)、"企业身份"(corporate identity)、"组织吸引力"(organizational attractiveness)、"社会身份"(social identity)形成了大规模聚类群,共同构成了英文领域关于企业形象研究的主要框架结构,见表 2-3 和表 2-4。

表2-3 企业形象英文研究的高频关键词

序号	高频词	频次	首现年份
1	企业社会责任	1538	2003
2	企业形象	952	1994
3	企业身份	849	1998
4	公司业绩	701	2000
5	作用影响	667	2000
6	企业管理	507	2001
7	企业声誉	457	2003
8	测量模型	451	1997
9	消费者感知	284	2001
10	形象战略	266	2000

表2-4 企业形象英文研究的聚类标签①

聚类核心词	规模	平均轮廓值	前五位关联词
服务质量	192	0.587	企业社会责任,消费者忠诚度,服务质量,企业声誉,行为意图
跨国公司	144	0.54	企业社会责任,社交媒体,企业传播,企业声誉,可持续发展
公司业绩	136	0.655	企业社会责任,家族企业,所有权结构,公司治理,绿色创新
组织认同	103	0.579	企业社会责任,调节效应,组织认同,职业满意度,可持续竞争力
企业文化品牌	63	0.731	企业社会责任,绿色创新,竞争优势,企业文化,国际研究
企业身份	56	0.682	企业社会责任,社交媒体,企业声誉,企业官网喜爱度,企业政治宣传
组织吸引力	23	0.86	企业官网设计,企业愿景,企业声誉,日本企业,绿色持久性
社会身份	17	0.977	企业社会责任,消费者满意度,服务质量,消费者忠诚度,共享价值创造

① 一般认为聚类平均轮廓值(Silhouette)大于0.5即合理,大于0.7则聚类结果令人信服。

中文研究方面,聚类视图中共出现了 860 个节点和 2187 条连接线,网络密度为 0.0059,相较于英文聚类网呈稀疏状态,说明各主题间仍处于较为分散的独立研究状态,未形成充分的议题联结,如图 2-8 所示。根据频率计算,十大研究热点包括了"企业形象""企业文化""品牌形象""企业管理""企业形象识别系统""作用""中小企业""消费者""公共关系"和"创新"。根据关系网计算,形成了围绕"企业文化""企业形象""品牌形象""企业管理""品牌建设""消费者""企业形象识别系统"和"危机传播"的大规模聚类群,共同构成了中文领域

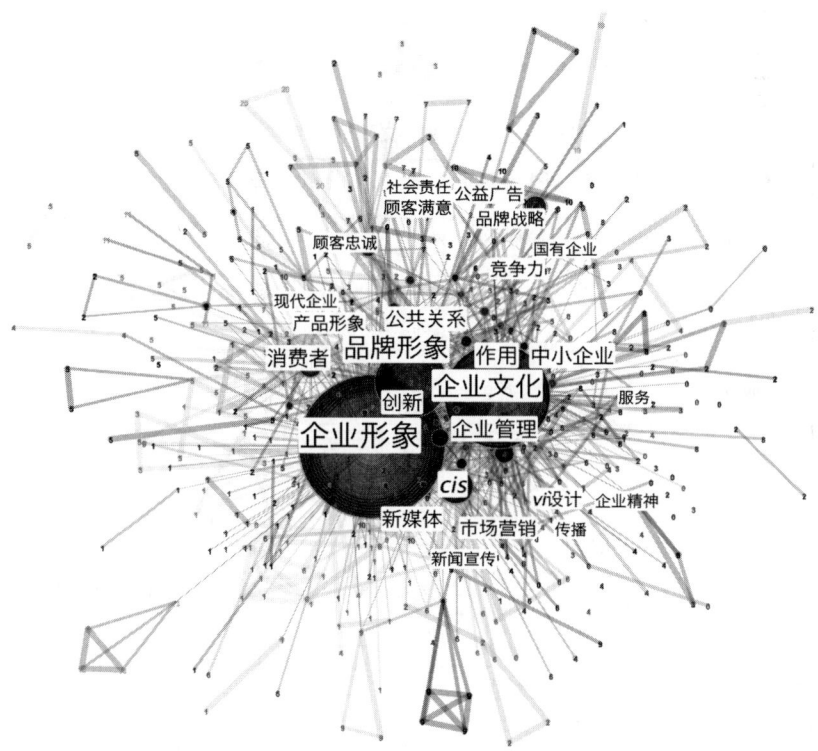

图 2-8　企业形象中文研究的关键词聚类视图

关于企业形象研究的框架结构,见表2-5和表2-6。

表2-5 企业形象中文研究的高频关键词

排序	高频词	频次	首现年份
1	企业形象	1003	1994
2	企业文化	553	1995
3	品牌形象	404	1995
4	企业管理	95	1999
5	企业形象识别系统	89	1994
6	作用	88	2000
7	中小企业	75	1999
8	消费者	74	1994
9	公共关系	69	1998
10	创新	56	2000

表2-6 企业形象中文研究的聚类标签

聚类核心词	规模	平均轮廓值	前五位关联词
企业文化	117	0.708	企业管理,作用影响,实践路径,内在动力,廉洁文化
企业形象	111	0.767	工业旅游,模糊综合评价,工程形象,经营理念,创新能力
品牌形象	83	0.835	企业形象,企业塑造,中小企业,广告投放,品牌延伸
企业管理	72	0.685	卡通形象,差异化发展战略,绿色标志,公关公司,高管团队
品牌建设	71	0.788	企业形象,整合设计,广告效果,公共关系,国际传播
消费者	59	0.882	实证研究,非财务指标,关注度,政府利益,绿色广告
企业形象识别系统	39	0.894	理念识别,文化识别,视觉识别,行为识别,形象识别
危机传播	10	0.993	新媒体,社交媒体,企业文化,公关对策,澳大利亚

根据对中英文高频关键词和聚类网络的总结归纳,可以发现,企业形象的研究处于三种主要范式之下,见表 2-7。

表 2-7 企业形象研究的三种主要范式

范式	研究主体	目的导向	关键议题	涉及的聚类标签
营销学	消费者	盈利功能	消费者满意度,消费者忠诚度	服务质量,公司业绩,品牌形象,品牌建设
组织学	利益相关者	管理功能	企业吸引力和认同感,社会责任履行	企业管理,企业文化,企业身份,组织认同,组织吸引力,社会身份
传播学	社会公众	传播功能	视觉传播,新媒体技术,危机传播,国家形象	跨国公司,企业形象识别系统,危机传播

(一)基于消费者视角的营销学范式

该范式关注消费者对企业形象的正面感知如何影响购买决策,进而转化为经营收益,将公司业绩作为企业形象评估的首要标准,因此多将企业形象直接等同于更为具体的品牌形象、产品形象或员工服务形象。既有研究通过实证分析,一方面证明了消费者在对企业的产品、价格、质量、物理环境、服务、售后等直接接触后形成的购买态度、购买满意度和复购忠诚度,与企业形象具有明显的正相关关系。另一方面还论证了企业形象在消费者进行评价和选择时发挥的重要中介调节作用,提出了积极的企业形象可以为消费者提供实体之外的无形附加价值,不仅能够提高商业信任、增强购买意愿、增大用户黏性,还能促使消费者主动向他人推介企业有利信息、回避或抵触消极信息,帮助扩大潜在消费者群体。

(二)基于利益相关者理论的组织学范式

该范式视企业为多边契约联合体,关注能够影响企业目标实现或能被企业目标实现过程影响的多元群体。皮埃尔·马蒂诺首次在企业形象研究中提出利益相关者概念，认为企业形象并非统一整体，因不同群体的感知与期待不同而形成差异，并初步将主要相关者划分为股东、消费者、潜在消费者、员工、销售商、供应商和社区等七类[1]。爱德华·弗里曼（Edward Freeman）在此基础上继续深化，根据直接或间接关联，将利益相关者分为包含股东、董事会成员和经理人在内的"所有权利益相关者"，包含员工、债权人、消费者、销售商、供应商、竞争者和所在社区在内的与企业有直接接触的"经济依赖型利益相关者"，以及包含本国中央和地方政府、外国政府、媒体、社会活动团体、特殊群体和社会公众在内的"社会利益相关者"三类[2]。这种分类方式之后被乔纳森·查卡姆（Jonathan Charkham）进一步总结为"契约型"和"公众利益型"两类[3]。在此框架下，出现了两条广受关注的研究支线：一条聚焦于员工主体，关注其对工资福利、工作环境、竞争氛围、雇主声誉的感知与企业内部形象生成的互动关系，强调发挥企业身份和企业文化的对内管理作用，以形成组织吸引力和企业认同感，吸引、激励和留住人才；另一条聚焦于社会公众，关注作为社会公民的企业在促进就业、环境保护、科技创新、性别平等、社区教育、慈善行为等方面社会责任的履行程度与企业外部形象形塑的互动关系。

---

[1] MARTINEAU P. Sharper focus for the corporate image[J]. Harvard business review, 1958, 36(6): 49-58.

[2] FREEMAN E. Strategic management: a stakeholder approach[M]. Cambridge: Cambridge University Press, 1984: 9-22.

[3] CHARKHAM J. Keeping better company: corporate governance ten years on[M]. second edition. New York: Oxford University Press, 2005: 1-27.

(三) 基于社会公众感知的传播学范式

该范式将企业形象作为信息运动的结果,关注企业传播如何在不同媒介环境下塑造社会公众感知。这方面的研究开始于视觉传播领域,首先从艺术美学角度讨论了企业标志、色彩、标准字体、包装、宣传单、零售商店和总部大楼的外观设计如何影响企业形象,并形成了企业形象识别系统的专门研究议题,之后又逐步拓展到了企业理念识别、文化识别和行为识别等更多角度。近年来,随着传播环境的整体变迁和企业经营面临的新问题涌现,越来越多的传播学者加入企业形象的研究当中,发展出了企业传播的专门研究范式与核心议题:其一,聚焦于新媒体技术带来的操作化影响,关注企业如何利用官方网站、传统新闻机构、社交媒体等媒介渠道进行形象构建以及如何贴近国际化、本土化、个人化、情感化等受众特征进行精准传播;其二,聚焦于企业的危机传播,发挥传播在信息交换、问题识别、行为规范和冲突管理中的作用,特别注重对风险行业的特殊案例研究,开展舆情监测以制定形象修复方案。其三,将企业形象作为国家形象的重要组成部分,在跨国公司发展的时代背景下考虑来源国形象对企业国际形象整体呈现的影响。

四、研究热点的历时性变化

本章根据时间线索对高频关键词的出现顺序进行排列,从纵向的时间维度寻找企业形象研究主题的阶段性变化特征和周期规律。在生成的时区分布图中,圆圈节点代表关键词,节点所在位置表示关键词首次出现的时间,节点大小表示关键词出现的频率,节点间的线条表示关键词间的相互连接,线条越粗表示词对共同出现的次数越多,详见图 2-9 和图 2-10 所示。

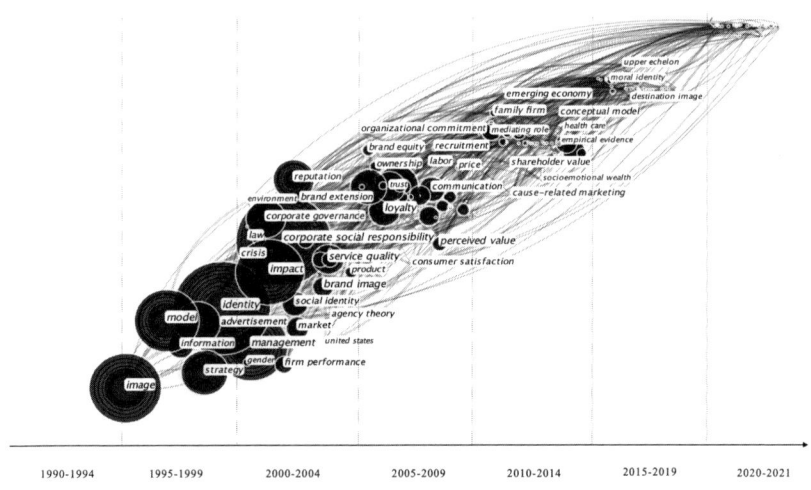

图 2-9　企业形象英文研究的关键词时区分布图

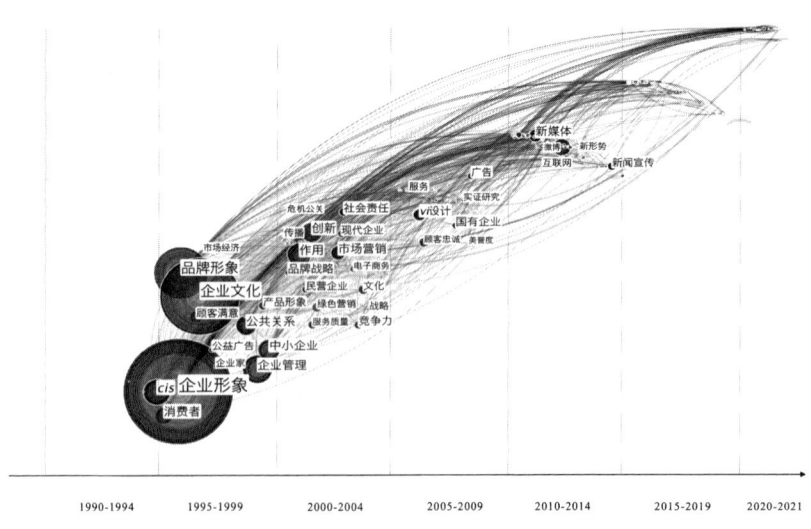

图 2-10　企业形象中文研究的关键词时区分布图

英文方面,以"企业形象"这一专有名词为核心的首个规模性研究热点出现于1994年,经过了1995年至1999年间的学理积淀逐步发展壮大,产生了"企业身份""测量模型""广告""信息"等该领域的基础核心议题。2000年到2009年的十年间是西方企业全球化的高速发展期,相应也成为企业形象研究的快速成长期,新视角、新概念密集涌现,共同建立起了较为完整的学科研究框架。这一方面体现在经典的营销学和组织学研究范式不断壮大,"公司业绩""作用影响""企业管理""消费者感知""形象战略""企业传播"等专有名词被不断提出,对"价格""服务""品牌""消费者""员工"等具体要素的研究也日趋精细化;另一方面体现在随着西方社会责任理论的整体兴起,"企业社会责任"与企业形象的关联研究也开始大量出现,"环境保护""法律遵守""劳工聘用""性别平等""危机事件处理""社会信用"等议题不断增多,对"企业声誉"的追求成为该阶段形象研究的突出重点。2010年之后,企业形象研究的差异化和理论化特征更加明显,在研究对象上对"新兴经济体""家族企业""国有企业"等不同身份加以区分,在研究方法上增加了"概念模型"和"实证研究",并引入了"健康关怀""善因营销""社会情绪价值"等跨学科议题,研究体系更加饱满。

中文方面,1992年邓小平南方谈话时提出要建立社会主义市场经济体制,中共十四大正式提出要建立社会主义市场经济体制的目标,在顶层驱动下,中国学界关于"企业形象""企业形象识别系统""消费者"等的规模性研究相应于1994年前后开启。1995年至1999年,伴随国内改革进程的不断深化,现代企业制度改革取得重要进展,中国企业在主体活力不断增强的同时,面临的现实发展问题也日益复杂,用理论指导实践的需求愈发强烈。在此背景下,作为企业研究的分支,学界开始集中引进西方的企业形象学术成果,不仅围绕"企业文化""品牌形象""企业管理""顾客满意"等传统议题产出了一系列成果,还自主形成了具有中国特色的"中小企业""市场经济""民营企业"等时代命题。2000年至2004年,以加入世界贸易组织为标志,中国开始深度参与经济全球化,借鉴西方企业的国际化经验成为企业形象研究的核心,"传播""社会责任""危机公关""绿色营销""竞争力""电子商务"等概念被首次引入,较好地奠定了中国企业形象研究的理论性基础。2005年至2009年,企业研究视野得到了一定程度上的拓展,随着实践变动出现了"VI设计""美誉度""国有企业""实证研究"以及"顾客忠诚"等最新议题。2010年之后,探究媒介技术对企业形象生成的影响成为国内研究主流,"新媒体""微博""互联网""新闻宣传"等都是被频繁提及的关键词。

可以发现,不论是英文还是中文研究,2015年后的原创概念数及围绕其形成的文章发表数都非常有限,因此未能在时区图中以节点的形式直接显现。这一方面是因为主题出现的时间越早、经历的时间越长,被提及的概率就越大,晚出现的主题成为高频热点的可能性则相对较小;另一方面是因为随着企业形象研究体系的相对成熟,研究人员进行学术创新的动力逐渐弱化,未能与企业现实发展中出现的新现象、新问题及时结合,导致学科整体更新速度较慢。据计算,近三年(2019—2021)内英文研究中出现的新议题,频次从高到低依次为"信任度""Facebook""绿色形象""创业公司""应急响应策略""伊斯兰""名人背书""政府关系""区域研究"和"公共健康"等。议题的中文研究中的新兴词还有"语料库""合作共赢""海外形象""5G""形象修复""民心相通""中华文化""开放日"和"互动传播"等。议题的具体分布见表 2-8。

表 2-8 2019—2021 年企业形象研究的前沿议题

年份	英文	中文
2021	公共健康,国有企业,风险管理,政治联系,高层梯队理论	贝尔模型,互动传播
2020	信任度,政府关系,区域研究,企业伪善	语料库,海外形象,5G,形象修复,民心相通,中华文化
2019	Facebook,绿色形象,创业公司,伊斯兰,应急响应策略,名人背书	合作共赢,开放日,世界一流

此外，本章还将频次变化率最高的词(burst term)从全部主题词中间筛选出来，依据词频的时间变动趋势而非仅仅是频次的高低生成关键词凸现图，以此确定企业形象研究的前沿领域和今后的发展趋势。从图 2-11 和图 2-12 中可发现，各关键词的热度持续时长不尽相同，诸如"企业身份""企业文化"等大多数经典主题的热度已随时间推移而暂时告一段落，呈现出了明显的学科生命周期。截至 2021 年，英文领域对企业形象作为"中介变量"与其他要素间的关联研究，以及口碑营销等议题还处于持续发展过程中，中文领域对"国家形象""新媒

关键词	强度	出现时间	结束时间
全球化	7.31	1999	2013
企业形象	19.85	2000	2011
企业身份	27.64	2001	2012
企业文化	8.41	2001	2006
测量模型	5.80	2004	2010
企业品牌	11.03	2005	2012
话语分析	8.08	2006	2013
企业伦理	10.76	2008	2015
企业慈善	5.71	2015	2016
中介作用	12.68	2019	2021
口碑营销	6.85	2019	2021

图 2-11 企业形象英文研究的凸现词分析

体""新闻宣传"职能、运用"卡通形象"进行人格化打造的主题也不断升温,指明了未来短期内的关注方向。

关键词	强度	出现时间	结束时间
企业形象识别系统	5.36	1994	2001
公益广告	5.82	1998	2007
绿色营销	13.11	2002	2009
消费者满意度	6.45	2002	2010
品牌战略	5.30	2002	2009
消费者忠诚度	6.64	2004	2010
国家形象	4.76	2015	2021
新媒体	12.80	2016	2021
新闻宣传	7.83	2016	2021
卡通形象	5.13	2016	2021

图 2-12 企业形象中文研究的凸现词分析

第三节 理论纵深空间

本章采用绘制科学知识图谱的方法,对以英文和中文为代表的国内外企业形象相关研究进行了全时段、全文本的数据挖掘,最大程度上避免了人工检索的主观随机性和可能遗漏,较为完整地呈现了该研究领域的发展全貌。在具体的操作中,首先基于高引用率权威文献梳理了企业形象这一概念的核心内涵,从兴起背景、定义、构成要素、特性、生成过程以及效能评测等角度回顾了以往学者的经典研究结论,并由此形成了本书的基础理论框架。接下来,本章对文献数据进行探测,从数量变化、学术权力地图、共词分析和热点主题的历时性变化四个方面,对文献的时间分布、地域分布、聚焦学科、研究范式、所在期刊、关键作者及其所在机构等具体问题进行了可视化呈现,并从中探测出了企业形象研究领域的核心议题、整体知识架构、历史演变规律以及未来可能的发展方向。除运用定量分析的方法外,本章还结合了传统定性文献综述法的分析优势,选取代表性文献进行理论深描和归纳总结,力图做到量的统计和质的深度并重,从时间与空间、静态与动态、整体与局部的三重维度上,较好回答了已有的企业形象研究"是什么""为什么"以及"怎么做"的问题。

通过文献分析,发现国内外关于企业形象的研究具有五点共性特征。

第一,科学知识的生命周期较为完整。从热点关键词及其历时性分布来看,企业形象的中英文研究主题都随着时间的演进而呈现出明显的更替现象。具体表现为,不同时间段内都有各异的、符合当下时代发展背景的主导议题,在与先前的议题彼此呼应、相互连接的基础上进行新老更替和概念延展,而非几个核心议题长时间内的持续引领或循环出现,使该领域研究能在继承中不断前进。

第二,具有明显的实践导向和应用色彩。无论在西方还是中国,对企业形象的关注都来源于业界的实际发展需要,将形象作为规避问题、解决问题、预测问题的新兴管理工具,服务于企业经济效益和社会效益提升的最终目标。因此可以说,企业经营环境的变迁和为适应其变化带来的管理实践的发展,是企业形象研究日益科学化、系统化的基本途径,业界的广泛加入没有使企业形象研究停留在概念讨论阶段,反而在理论与实践的彼此促进中相互助力,带动了整个学术体系的稳健发展。

第三,跨学科的交叉特征突出。企业形象是系统建设工程,牵涉的内外部要素众多,初期服务于单一盈利目标的商业营销范式已无法应对企业快速发展后面临的复杂挑战,因此可以清晰地看到,组织学、传播学、社会学、国际关系学、心理学甚至语言学和历史学等多学科范式被广泛引入企业形象的研究当中,便于在学科理论的交叉中发现新亮点、寻找新思路,使该领域研究的延展性和包容度极强。

第四,研究方法集中。既有研究多采用质化研究法,聚焦单个具体企业的实践经历,在观察的基础上对其形象建设经验进行归纳总结和条理分析,为数不多的量化研究主要集中在对形象效能的数理推导中,其他方面的涉猎较少。

第五,将战略管理作为形象建构的未来发展方向。近年来,越来越多学者意识到将形象塑造排除在企业管理之外、只对产品和品牌进行密集投入的传统做法已不可取,必须将形象作为战略管理手段,综合考虑其与经营业绩、组织认同、企业文化和企业传播等命题之间的关系,将形成良好的企业声誉作为形象建设的最终目标,主张从组织架构、治理结构、经营机制等方面长远规划形象策略。

同时,受国内外现实发展阶段的不同影响,中英文研究情况也具有明显差异。从过程来看,作为企业形象的概念来源地,以西方国家为代表的英文研究起步早、发展时间长,美国、英国、西班牙和澳大利亚是学术话语权的主要掌握者,在概念的提出、完善和创新上发挥着主要的引领作用。特别是21世纪第一个十年的黄金发展期奠定了该研究领域的基础框架,近年来仍保持着较好的可持续发展态势。从内容上看,英文研究的理论体系较为完整,开展交叉性和原创性研究的能力强,从最初的商业营销范式逐步扩展到管理学、环境学、传播学、伦理学等多元领域,21世纪后特别强调对社会责任理论和利益相关者理论的关注,注重开展对全球化背景下跨国公司的形象研究,将形象作为企业战略管理的有效工具,更具全面性和前瞻性。

中文研究约晚于西方30年,最初以介绍引进英文成果为主,因此在关键概念、范式选择、研究方法等方面一定程度上表现出对西方的追随。中国企业形象研究的整体历程与国内改革开放进程整体一致,特别是20世纪90年代中期社会主义市场经济体制改革目标的确立和2001年中国加入世界贸易组织两起标志性事件,极大地激发了学界的研究热情,对中国企业具体案例的关注、对中国经济发展经验的总结不断增多,文献发表的数量远超西方。但在2015年之后开始面临着后继研究不足的问题,并逐步与西方拉开差距。从内容上看,国内多在商业营销学的范式之下开展研究,重视对品牌形象和形象识别系统的视觉效果探究,关注企业文化、企业管理的顶层设计路径,倾向对处于不同行业、不同所有制结构的企业进行分类研究,哲学思辨性和学理讨论的深入度更强,实际操作层面的理论支撑则比较有限。

回顾以上情况发现,本章认为国内企业形象研究仍可从以下四个方面进行补充完善,并将其作为本书后续开展的重要理论背景进行探讨。

第一,既有研究涉及的议题分散、支线较多、体系庞杂,特别是在当前国际冲突和政治化、安全化竞争日增的背景下,没有梳理出企业作为国家实力和国际竞争主要力量的关键身份意义和行动价值,未能在宏观层面形成围绕企业形象塑造与更大范围内政治经济要素深度关联的研究主线。相反,多就事论事、在商言商,将形象问题局限在生产者和消费者的微观互动层面,着眼于化解短期内的经营危机,因此导致了企业在面临重大国际危机时既有理论支持难免捉襟见肘。

第二,缺乏以传播学范式对企业形象进行的专业化研究,未能关注到近年来国际传播环境变迁对企业形象塑造的重大影响,没有及时将新媒体信息技术发展、跨文化传播、传播的意识形态化和武器化等理论运用到研究中去,以分析企业实践中出现的新现象和新问题,因此对企业形象的研究还停留在泛泛而谈的表象之上,既无法支撑具体方案的落地,也无法对重大议题形成聚焦,逐步使传播学路径被边缘化。

第三,与当代中国企业发展的经验历程以及现实发展需要呼应感不强,对中国企业,特别是涉及国家经济命脉的重点行业和大型跨国企业的优势与挑战总结分析还不够,未能有效提炼出新时代背景下中国企业发展的特色理论体系,也未能形成中国学者的研究声量,还存在一定程度上套用西方理论解释中国问题的情况。

第四,国内研究多见于学理的思辨论述,或基于大规模企业形象调查问卷的现状呈现,出于保密等客观原因限制,研究者难以进入企业内部开展调查,尤其是重点行业企业的一手分析数据缺乏,故而研究多停留在外部观察阶段,对问题形成的深层机理、内部应对上难以形成切实有效的分析。除此之外,研究方法的技术性导向严重,将良好的形象简单等同于经营业绩、新媒体平台关注人数、新闻媒体报道篇数等具体指标,忽视了企业话语背后蕴含的批评性内涵,容易落入部分国家的话语陷阱。这也是本书的研究起点所在。

第二章
中国企业国际形象变迁的历史阶段

企业的国际形象就是企业在跨国生产经营过程中,面向国际各利益相关者形成的总体印象与感知。中国企业的国际化进程是中国推行改革开放和社会主义市场经济体制改革的具象反映,随之产生的企业国际形象变迁既是随着国内"引进来"和"走出去"制度不断完善而成长的过程,也是与外部世界持续磨合与调试的过程。本章按照中国企业参与国际化经营的时间阶段,对企业形象的变迁特征进行了相应的梳理和分析。

第一节 起步:聚焦质量形象

1978年以前,中国长期处于计划经济体制之下,企业以满足国内生产生活需要为首要经营目标,即使有少量的对外贸易行为也以国家规划安排为主,缺乏进行国际竞争的必要条件和充足动力。改革开放政策的推行被视为中国企业国际化经营管理的制度性开端,使大规模企业国际形象的生成变为可能。1992年邓小平南方谈话以及中共十四大明确我国经济体制改革的目标是建立社会主义市场经济体制,真正激发了企业在更大范围内参与国际分工的积极性,企业向外寻求资源和拓展市场的意愿与行动日益强烈。该时期既是中国企业大力引进外国资金的蓄力阶段,也是积极学习、消化、吸收和转化国外人才和管理经验的起步阶段,但因整体上以"请进来"为主要战略,参与全球合作与竞争的业务体量还较小,由此带来的集体形象曝光度有限,国际社会还普遍持观望和质疑态度。以 2000 年中共十五届五中全会提出实施"走出去"的国家战略和 2001 年中国正式加入世界贸易组织为两起里程碑事件,中国企业的国际竞争环境发生重大制度性变迁,被直接置于近距离的国际竞争压力之下。与此同时,伴随经济全球化的纵深拓展,21 世纪初期的世界正面临深刻的价值体系整合重构和产业链的跨国延展,美国、欧洲和日本等地的产业转移为中国利用本国的广阔市场和劳动力资源提供了巨大的外部机遇,直接促成一批兼具技术和资本的大中型国有企业与明星民营企业从单一的商品贸易扩展到开展工农商产业联合、建立研发中心、实施对外援助等多形式的经济跨国合作形式,国际知名度和形象显示度由此提高。2000 年,关于"企业形象"英文研究的科学知识图谱中首次出现了 11 个"Chinese"关键词,也从一个侧面印证了该阶段中国企业在国际舆论场中引发的热度。这一时期,围绕中国企业的国际形象主要生成了三个标签。

一、"世界工厂"(Workshop of the World)

这一标签被用来指涉中国企业的整体形象。此时,中国企业以劳动密集、体量庞大、高效运转和覆盖广泛的特征而闻名。1992 年至 2002 年,中国企业凭借低廉的生产要素和交易成本,以贴牌代工或组装加工形式,广泛承接发达国家的劳动密集型制造业和部分资本密集型重化工业。十年间,中国年均工业增长率高达 12%,形成了以长三角和珠三角为代表的大型生产聚集地,成为服装鞋帽、电视机、计算机零器件、半导体等工业产品和信息技术产品的主要大宗出口国,中国经济进入了高速、稳定、持续的增长阶段。基于该种情况,2001 年日本通产省(Ministry of Economy, Trade and Industry)在发布的白皮书中,首次称中国正迅速成长为新一代的"世界工厂"①。该专用词汇由此进入全球视野,用以描述中国作为世界市场工业品生产供应中心的地位,并隐含着制造业规模庞大、作业成熟和对外贸易能力强的三重意蕴。历史上,工业革命后的英国、第一次世界大战后的美国以及20世纪70年代中后期的日本也曾获得过类似称号。在这一形象标签的引导下,国际社会以表达对中国经济发展成就的惊叹为主,如《泰晤士报》称这一现象是"中国与全球经济接触后发生的戏剧性转变的先锋"②,《卫报》认为"对利基市场的开发不仅使中国成为当前领先者,还有可能凭借强大的市场占有率成为21世纪的最终领导者"③。

二、"中国制造"(Made in China)

这一标签被用来指涉中国产品的整体形象,并有意识地将中观层面的企业形象直接等同于微观层面的产品形象,在全球范围内形成了"物美价廉"和"劣质低廉"两极分化认知。"某地制造"(made in)是国际营销的概念词汇,在全球分工的融合趋势下,其内涵已不再局限于产品的实际制造地,而多用来指原创品牌的诞生地或来源地。中国企业在"走出去"初期,因尚未形成一定量级的国际知名品牌,多被当作面目模糊的整体进行统一的媒介化处理,国际市场将"中国制造"作

---

① LAM P, VICTOR T. Southeast Asia between China and Japan[M]. Newcastle: Cambridge Scholars Publishing, 2012: 55.
② SHERIDAN M. How China has become world's new workshop[EB/OL]. The Times. (2003-01-26)[2021-02-25]. https://www.thetimes.co.uk/article/how-china-has-become-worlds-new-workshop-jrzgp9r9w7t.
③ RAMESH R. Chindia, where the world's workshop meets its office[EB/OL]. The Guardian. (2005-09-30)[2021-03-02]. https://www.theguardian.com/business/2005/sep/30/china.india.

为对来自中国自有品牌产品的统一称呼。王秀丽和韩纲的研究显示，1979年至2001年期间，美国主流媒体报道中对中国产品的修饰词以"廉价的"（inexpensive）、"便宜的"（cheap）、"漂亮的"（pretty）、"时尚的"（stylish）和"异国风情的"（exotic）等中性或正面词汇为主，认可其低价、质优、高产的性价比特征[①]。2004年起，受相继爆发在美国的出口产品丑闻如二甘醇超标导致的"毒牙膏"事件、三聚氰胺超标导致的宠物食品召回事件、含铅涂料过量导致的玩具召回事件以及爆发在欧洲多国、日本、新加坡和澳大利亚的产品质量风波的溢出效应的影响，关于"中国制造"的负面新闻开始频繁出现在西方媒体上，中国成为"低经济水平国家"，中国产品成为"假冒伪劣"和"不道德"的代名词，引发国际消费者强烈的信任危机。一直到2008年，"被污染的"（tainted）、"危险的"（dangerous）、"有毒的"（toxic）、"不安全的"（unsafe）和"缺陷的"（defective）都被作为报道中国产品的主要词汇频繁出现，聚焦食品药品质量安全的负面报道成为国际主流，形成了围绕产品的使用风险、民族中心主义和责任归因的主导性话语框架[②]。面对外部话语的初次冲击，中国政府逐渐意识到塑造良好产品形象的重要性并发起了系列行动。例如，2009年商务部首次在CNN上投放了名为《中国制造 世界合作》的30秒广告宣传片，2015年国务院发起为期三年的"中国制造"海外形象维护"清风行动"，重点打击侵犯知识产权行为和制售假冒伪劣商品的企业，但业已形成的刻板印象短期内难以扭

---

① 王秀丽，韩纲."中国制造"与国家形象传播——美国主流媒体报道30年内容分析[J]. 国际新闻界，2010, 32(9)：49-55.
② 闫隽，石静远."中国制造"的西方媒介形象——对2007年、2008年《华尔街日报》的内容分析[J]. 河南社会科学，2010, 18(1)：183-186.

转,形象问题开始成为中国企业参与海外竞争的一大阻碍。

三、"中国威胁论"("China Threat" Theory)

作为中国在海外发展的具象代表,企业被动成为"中国威胁论"在经济领域的具体攻讦对象,原属于商业营销范畴的企业形象从该时期起开始与国家政治形象绑定。1990年,日本学者村井友秀在《诸君》杂志上发表文章《论中国这个潜在的威胁》,最早明确提出所谓"中国威胁"论调。1993年国际货币基金组织根据购买力平价计算得出中国是世界第三大经济强国的结论,以及同一时期经济学家威廉·奥弗霍尔特(William Overholt)在其著作中预言中国将成为下一个超级大国,首次引发了冷战结束后全球在经济领域对"中国威胁论"的普遍热议。经西方不断发酵,投射出了关于中国企业形象的两种议程设置框架:一种是延续"威胁"思路,过分夸大中国企业的国际竞争实力,鼓吹中国制造业的繁荣和大量制成品的流通将危害接收国的消费秩序,动摇既有国际分工体系,侵占西方既有的经济领导地位,呼吁各国政府采取贸易保护主义政策,以限制中国企业的海外市场拓展;另一种是新开辟的"崩溃"思路,否定社会主义市场经济体制的优越性,抨击中国建立在廉价劳动力和巨大能源消耗上的暂行发展模式,质疑外资企业在中国获得长期稳定发展的可能性,认为超高速发展下的中国必将走向瓦解,主张各国减少与中国企业的业务往来。由此开始,中国企业国际形象的意识形态化、政治化操纵初见端倪。

第二节 承接:聚焦技术形象

在加入世界贸易组织的最初十年里,中国积极履行"入世"承诺,通过法律法规建设、大力推进贸易自由化和投资便利化,为企业的国际化发展营造良好的制度环境。与此同时,在对外贸易盈余、新兴劳动力市场开发等外部压力下,中国还主动对以高能耗、高污染、低技术含量为主要特征的制造业的结构进行优化升级,推动贸易增长方式的转变,寻求向高附加值的上游产业位置流动。两方面举措的结合,从效率和营收上有效助推了中国企业国际竞争力的整体提升,在产品质量和技术复杂度、出口规模、目标市场的多元性上不断精进。特别是2008年全球金融危机的爆发,为中国提供海外并购契机的同时,也进一步引发了其对增强科技自主创新能力、实现高质量发展的反思。这在政府发布的"四万亿投资计划"等一揽子救市举措中都有着直接体现。以美国《财富》杂志发布"世界500强"排行榜为例,可以深刻揭示中国企业在该阶段国际影响力的变化趋势。1995年该榜单首次发布时,中国大陆地区仅有中国银行和中国中化集团两家企业入选。2009年之后,中国大陆企业入榜数急遽增多并同时赶超德国、英国和法国,随后在2012年领先日本,仅次于美国,成为全球经济的主要参与者和贡献者,榜单详情如图3-1所示[1]。

在此背景下,打造技术的核心竞争力成为企业实现可持续性发展的主要目标,一定程度上推动了出口海外的产品与服务从劳动密集型

---

[1] Fortune. Fortune 500[EB/OL]. [2021-03-05]. https://fortune.com/ranking/global500/.

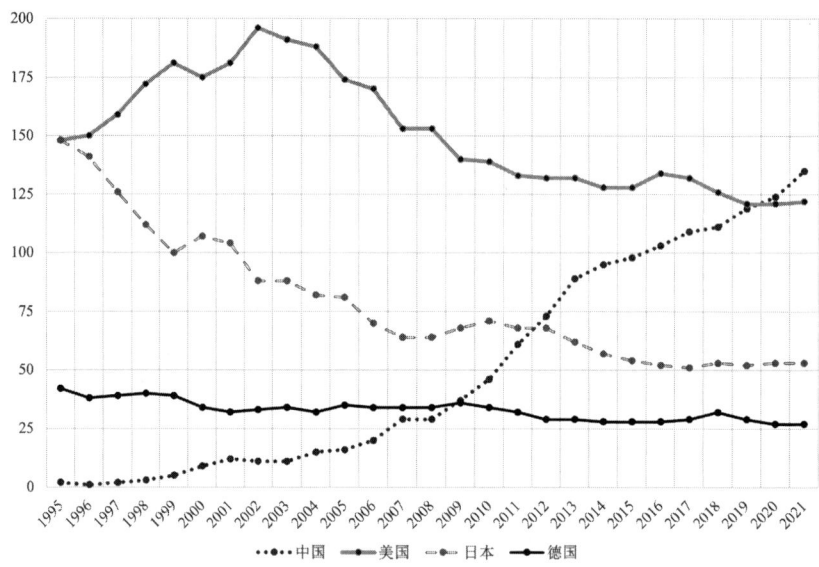

图3-1 《财富》杂志"世界500强"排行榜国别统计

的"中国制造"向知识和资本密集型的"中国智造"转变,相关的"智能制造""绿色制造""服务型制造"等新概念被不断提出。该时期也是中国高科技企业正式进入国际视野之际。一方面,民营企业的技术研发和产品更新换代能力不断增强,在消费电子、汽车和重型装备制造业领域出现了联想、TCL、海尔、海信、格力、吉利和三一重工等优质品牌代表,帮助国际社会逐步改变了对"中国制造"的负面刻板印象;另一方面,大批国有企业的市场竞争意识被不断激发,在影响国家战略和全球竞争的重大行业中成为领跑者,打造出了高铁、航天航空、核电水电等能够代表国家速度和高度的"黄金名片",也由此成为国际舆论的重点关注对象。考虑到"中国制造"此时无可争议的生产成熟度和世界市场占有率,西方国家对中国企业的形象塑造便在该阶段由质量表征深入技术内里,并面向不同产品品类形成了各具侧重点的议题框架。

一、针对普通工业制成品的框架

这一框架延续了上一阶段对"中国制造"的整体评价思路,但着重加强了对其中内含的技术要素的深度挖掘。尽管中国在2009年已跃居成为世界出口量和贸易盈余的第一大国,但海外业务营收居前50名的企业仍集中于传统的纺织和服装鞋帽类制造业,新兴的高科技企业仅有三家,分布于高端医疗器械、数字产品和工业控制系统领域[①]。在2008年底进行的美国总统大选中,民主党和共和党候选人在争夺选民过程中就曾围绕"中国制造"进行过密集的话语交锋。在此框架下,有的指责中国产品工序粗糙、工艺落后,外形欠美观;有的抨击产品的科技含量低、同质性强,难获创新体验;有的强调生产过程中能耗巨大、污染严重,未能有效践行绿色环保的技术理念。潘霁和刘晖进一步研究发现,在技术形象的处理上,国际主流媒体刻意回避了对单个案例的呈现,多将技术问题产生的原因泛化归结为中国政府调控失效、中国社会诚信文化丧失、美国政府防范失职以及对中国产品普遍不信任这四个方面,将技术细节放大上升到宏观层面并与中国的政治、经济、历史发展深度关联[②]。同时,还有不少研究指出对中国产品技术的报道框架充满了冲突对抗性,并不倡导以合作交流形式解决该问题,有鼓励美方终止与中国进行贸易甚至采取报复性措施之嫌。

---

① 刘迎秋,张亮,魏政. 中国民营企业"走出去"竞争力50强研究:基于2008年中国民营企业"走出去"与竞争力数据库的分析[J]. 中国工业经济,2009(2):5-14.
② 潘霁,刘晖. 归罪政府与商家:美国主流报纸"中国制造"产品质量问题的报道[J]. 新闻与传播研究,2013,20(6):65-78,126.

二、针对创新过程中的产品的框架

这一框架诟病中国企业的创新力来自对西方成熟技术的复制、抄袭甚至剽窃,表达了对知识产权流失的深刻担忧,使中国背上了所谓"技术民族主义"的恶名。出现这一现象的原因,既受部分企业违规操作的直接影响,但更多是西方基于对中国技术崛起的警惕而主动进行的污名化行动。2006年,中国政府在全国科学技术大会上正式提出增强自主创新能力、建设创新型国家的战略决策,出台了《国家中长期科学和技术发展规划纲要(2006—2020年)》和若干配套政策①。美国商会支持的公关顾问詹姆斯·麦格雷戈(James McGregor)对此提出尖锐批评,将文件中提出的"支持以企业为主体开展引进技术的消化、吸收和再创新""实施促进自主创新的政府采购""扩大国际和地区科技合作与交流"等积极举措曲解为"一个世界上从未见过的大规模技术盗窃蓝图",认为中国别有用心地打着自主创新的旗号来转移他国高新技术,以此为本民族的复兴提供便利②。这一说法随后在国际媒体上被热炒,典型如《哈佛商业评论》称,"中国通过哄骗、拉拢和经常性胁迫西方与日本企业,作为在中国经营的交换条件,悄无声息成功地从中低技术制造业转向复杂的高精尖经济",并认为"此举不仅加剧了北京与外国政府、公司间的紧张关系,还引发了社会主义企业能否与资

---

① 中华人民共和国国务院. 国家中长期科学和技术发展规划纲要(2006—2020年)[R]. 北京, 2006.
② MCGREGO J. China's drive for "indigenous innovation": a web of industrial polices[R]. APCO Worldwide, US Chamber of Commerce, Washington DC, 2010.

本主义企业共存的关键问题"①。《纽约时报》在社论中写道:"盗用知识产权不能成为政府的政策目标,对于中国这样可以向世界大量提供拙劣高科技产品的大规模经济体来说,更是如此。"②欧洲国家对此则持更为审慎的态度,如欧盟安全研究所提出:"后冷战时代里与中国的高级别交往意味着要同时承担最大的机遇和最高的风险。对此,欧盟不仅要保持冷静和警觉,还要进一步增强双方深度合作,用已有技术协助中国转型,帮助其成长为负责任的大国。"③这一形象框架影响深远,直至2016年特朗普参加美国总统竞选,"谨防中国偷窃核心技术"都始终是被经常利用的热点话题。

三、针对拥有自主知识产权的引领型装备和产品的框架

这一框架所针对的企业的特点是,其在技术先进度、成熟度上已能与西方分庭抗礼,甚至实现赶超。面对该情况,西方国家往往指责中国企业的技术规范和行业提案不符合国际行业通用标准,通过利用世界贸易组织《技术性贸易壁垒协定》和本国行业协会有关条例,歧视性抬高战略行业的技术准入标准,人为增设环保壁垒、信息技术壁垒,广泛开展反倾销调查、生产工艺调查、知识产权审查和科技装备出口管制。这样做的目的是"严防中国制定与其积累的技术能力相一致的

---

① HOUT T, GHEMAWAT P. China vs the world: whose technology is it[J]. Harvard business review, 2010 December.
② Editorial opinion. China and intellectual property[EB/OL]. The New York Times. (2010-12-23)[2021-04-08]. https://www.nytimes.com/2010/12/24/opinion/24fri1.html.
③ STUMBAUM M. Risky business? The EU, China and dual-use technology[R]. European Union Institute for Security Studies, Paris, 2009.

本国标准"①,企图挤压后发国家独立的技术发展空间,从而将自身的科技先发优势转化为对全球工业链中各行业标准的裁定优势,进而拥有对全产业的主导性话语权。因此,该情境下的企业形象问题指涉的不再是简单的技术竞争问题,而是更高层次的新兴大国与守成大国间的权力冲突问题,本质上是发达国家图谋建立"技术霸权主义"的体现,寻求将中国彻底排除在全球核心技术的竞争体系之外。早在2004年,中国主推的无线局域网安全强制性标准WAPI就在美国政府的反对下被迫停滞,该事件因开启了国外抵制中国标准的先例,成为该框架下的标志性事件。2007年下半年,中国成为世界贸易组织新批准的反倾销调查案的最大目标,而其中与西方国家直接相关的案例多达40余起,引发了集中报道②。此外,还有西方媒体对已获批准的中国标准表示不满,从所谓程序正义角度斥责其在技术法规、标准和评估程序制定方面持续缺乏透明度。以此为开端,技术标准框架在随后的安全化阶段得到了更为密集的爆发。

第三节 转折:聚焦合规形象

党的十八大以来,中国经济进入稳增长、调结构、促改革的转型升级阶段。2013年,共建"丝绸之路经济带"和"21世纪海上丝绸之路"

---

① YAO X, SUTTMEIER R. China's post-WTO technology policy: standards, software, and the changing nature of techno-nationalism[R]. The National Bureau of Asian Research Special Report, Washington DC, 2004.
② CHEN E. Update1-China chides EU for anti-dumping frenzy[EB/OL]. (2007-09-09) [2021-03-20]. https://www.reuters.com/article/china-europe-dumping-idUKL956173020080909.

的合作倡议被相继提出,在政策沟通、设施联通、贸易畅通、资金融通、民心相通等五大任务引领下,旨在"促进经济要素有序自由流动、资源高效配置和市场深度融合,推动沿线各国实现经济政策协调,开展更大范围、更深层次的区域合作,共同打造开放、包容、均衡、普惠的区域经济合作架构"①。作为国家经济发展重要支柱的中央企业,充分发挥了共建"一带一路"主力军的作用,广泛参与到沿线各国的基础设施建设、能源资源开发、国际产能合作等领域中,打造出一批标杆性工程与标志性项目。数据显示,截至2017年底,央企共有10791家境外单位遍布于全球的185个国家和地区,境外资产总额超7万亿元,承担了共建"一带一路"倡议框架下近半数的已开工或计划开工项目②。

跨国经营的规模性、业务领先性和政治身份的独特性,使中央企业成为该阶段里中国企业国际形象的主要呈现者和被塑者。相较于民营企业而言,其面临的外部环境和需要处理的传播问题更艰巨、复杂。整体上看,此时的央企虽大而不强、不美,存在着软实力和硬实力、美誉度和贡献度的双重不匹配问题,围绕其形成的舆论氛围重价值判断而轻事实探究,负面化、情绪化和标签化的倾向明显。在主流英语新闻中,尽管"最大的"(largest 或 biggest)、"新的"(new)、"全球的"(global)、"国有的"(state-owned)、"金融的"(financial)等看似中性或正面词汇被媒体大量用来修饰央企,但立场采择和情绪基调仍以负面为主,正向报道因难以获得广泛的传播度和关注量而被湮没③,不

---

① 国家发展改革委,外交部,商务部.推动共建丝绸之路经济带和21世纪海上丝绸之路的愿景与行动[R].北京,2015.
② 任腾飞.企业共建"一带一路"五年的探索与实践[J].国资报告,2018(11):11-13,10.
③ 李继东,刘睿,蒋雪颖.基于全球英文媒体报道的中国企业国际形象研究[J].国际传播,2018(5):17-26.

佳的企业形象对实际业务开展造成的负面影响越来越显性化。观察到经济实力与声誉实力的严重错位情况，形象作为一种战略高度问题开始真正进入国家和企业的关注范围。以央企为主塑中心，该阶段的中国企业形象塑造主要出现了两个关键的扩大性变化。

一、形塑主体的扩充

一方面，因"一带一路"而与中国经济联结不断强化的沿线亚欧非国家纷纷加入对华舆论场，尽管多数民众仍对中国处于模糊、零散的有限认知状态，但东道国政府、反对党、非政府组织、工会协会、大众媒体、专家学者等开始基于本国利益视角积极设置议程和发表评论，打破了唯西方观点论的言论独大局面，为中国企业的国际形象带来了新的评价标准和测量维度，使形象的生成具有更强的国别和地域差异特征。例如，非洲地区以经济考量为先，既出现了对中国企业能"提供崛起经验""共筑互惠关系""带动社会就业"等正向评论，也有"过度开发穷国自然资源""使富国陷入资源陷阱""挤压本土企业生存空间""援助方式有害"的焦虑和隐忧[1]。中东地区主要关注与中国企业合作所能体现的政治内涵，既有对双方共同"唤醒文明对话的丝路精神""反对西方的霸权和侵略""树立尊重平等发展关系范式"的美好期待与信心，也有"过分强调经济价值""忽视宗教与文化交往""构成潜在大国威胁"的提醒和指责[2]。东南亚和南亚地区形成了"官热民冷"的

---

[1] 朴英姬. 跨国公司和非洲国家的利益博弈：冲突与合作[J]. 西亚非洲, 2014(5)：129-143.
[2] 胡钰, 景嘉伊. "一带一路"倡议在伊斯兰世界的传播：战略能力与文明对话[J]. 新闻与传播评论, 2019, 72(2)：118-128.

两极认知,在外部因素介入引发矛盾和中国方面公开信息触达有限的加持下,民间对中国企业真实贡献状况的认知偏差不断加大①。拉美地区则更加关注在美国保护主义、孤立主义思潮抬头的情况下,中国企业能否一道捍卫开放与自由的全球贸易理念,重塑地区价值链和产业链②。尽管这些地区的形象议题框架仍在很大程度上受西方全球传播系统的影响和牵制,不时将"新殖民主义""新版马歇尔计划""经济帝国主义""债务陷阱论""产能过剩论和转移论"作为吸收和扩散内容,但考虑到同为发展中国家的身份特性以及与中国合作的现实诉求,仍有与西方业已固定的形象模板产生较大差异的可能。

另一方面是来自中国的正向声量不断增强。2013 年,习近平总书记在全国宣传思想工作会议上指出,在全面对外开放的条件下做宣传思想工作,一项重要任务是引导人们更加全面客观地认识当代中国、看待外部世界。要精心做好对外宣传工作,创新对外宣传方式,着力打造融通中外的新概念新范畴新表述,讲好中国故事,传播好中国声音。③ 以此为指导,国务院国资委提出了央企加快海外形象建设的"六个一"要求,建议各企业根据自身情况制定一套对外舆论引导方案、组建一支专业公关队伍、团结一批可以利用的当地媒体、联系一批当地智库和公关公司、开通一批海外社交媒体账号、建立一套企业文化融合机制,贯彻"一国一企""一国一策"的战略方针。在中国媒体

---

① 程曼丽. 跨文化传播的实践与思考:基于对"走出去"中资企业的在地考察[J]. 跨文化传播研究,2021(1):119-134.

② 杨首国,中国现代国际关系研究院拉美研究所课题组. "一带一路"视角下提升中拉合作的战略思考[J]. 拉丁美洲研究,2018,40(3):1-19,154.

③ 人民日报. 习近平在全国宣传思想工作会议上强调 胸怀大局把握大势着眼大事 努力把宣传思想工作做得更好[N]. 2013-08-21(1).

集体出海的舆论配合下,央企初步形成了以点带面、点面结合的海外形象传播探索路径,不仅开始对外部疑虑、批评和污名直接进行释疑、回应和澄清,还更加积极地设置议程、自我宣介,以期在西方为主动力的国际舆论场中进行突围。例如,中国石化的集团 Facebook 账号粉丝数达到 228 万,是该平台关注量最大的全球能源企业之一,发布的"中国石化世界最大 XGC88000 型吊车服务沙特基础建设"系列帖文,用"世界性工程项目"作为标签引爆话题,阅读量近 120 万次,互动量超 8.7 万次。中国建筑在央企系统内率先编发了《文明互鉴 建证幸福——中国建筑文化融合指导手册》,指导 12 家子企业完成了 20 本国别执行手册的制定,为企业与东道国的文化融合行动提供了顶层设计方案。中国企业的正面曝光量和显示度由此而不断提升,成为该议题下不可忽视的参与主体,与他国的话语交锋也更显频繁。

二、形象内涵的扩展

对中国企业国际形象的建构不再围绕微观的产品层面展开,而是向上转移到企业管理的中观层面。根据第二章的文献回溯发现,这也是西方学界自 2003 年起最为热门的跨国企业研究话题。它强调特别是大型企业应作为一种社会"规范性力量"(normative power)而存在,要符合世界公民权利与义务相统一的人性假设,在跨国经营中不仅要履行对东道国的经济职能,还要承担社会职能和道德职能。在这之下,又具体细分为两个议题。

(一)关注央企的合规行为

合规(compliance),即企业和员工在制度制定、经营决策和生产运营等环节中遵守所在国法律法规及相关国际规则、普遍性的商业行为守则和伦理规范，还有自身制定的规章制度，被视为与业务管理和财务管理并重的现代公司治理的三大基石。2012年起，在各国准入标准不断提高和国内金融监管加强的内外压力下，中国企业整体上进入对外投资的规范性阶段，从最初30年相对粗放、激进和轻约束的状态逐步转向内涵式发展路径。但与实际进步相对应的是，中国企业的国际形象并未随之得到明显改善，负面的市场交易、安全环保、产品质量、劳动用工、财务税收、知识产权和商业伙伴信息依旧是国际媒体的重点报道对象。例如《外交政策》杂志称"不透明交易、大规模腐败、管理不善、项目可行性评估的缺乏、严重的贸易不均，都让中国对海外基建的巨额投入化为泡影"[1]。《大西洋月刊》将亚马逊热带雨林的破坏强行与"中国的崛起和粮食安全战略纠缠在一起"，称某央企对巴西大豆的进口"违反了《巴黎协定》，直接导致了全球温室效应的增强"[2]。值得注意的是，美国2018年以中兴"对涉及历史出口管制违规行为的某些员工未及时扣减奖金，并作出虚假陈述和采用各种手段阻挠司法"为由激活了对中兴的拒绝令[3]。这一做法实质上是借合规之名、行政治之实的做法，但其真正目的此时还未被明确识别。

---

[1] SOLOMON S, FRECHETTE C. Corruption is wasting Chinese money in Africa[EB/OL]. (2018-09-13)[2021-04-20]. https://foreignpolicy.com/2018/09/13/corruption-is-wasting-chinese-money-in-africa/.

[2] CHAN M, ARAUJO H. China wants food. Brazil pays the price[EB/OL]. The Atlantic. (2020-02-15)[2021-04-20]. https://www.theatlantic.com/international/archive/2020/02/china-brazil-amazon-environment-pork/606601/.

[3] United States Department of Commerce Bureau of Industry and Security. Order activating suspended denial order relating to Zhongxing Telecommunications Equipment Corporation and ZTE Kangxun Telecommunications Ltd[R]. Washington DC, 2018.

(二) 关注央企的社会责任履行

企业的社会责任履行是相较于合规更为宽泛的范畴,可纳入安全生产、诚信经营、环境保护、促进就业、员工关怀、公益事业、社会平等和创新引领等多元内容,以社会公众好感培养和信任度提升为目标,是跨国企业克服新兴者进入劣势的有效途径。2006 年,国家电网有限公司首家公布了企业社会责任报告,对公司运营的基本业务情况、社会责任内涵、文化和价值观、核心业务、利益相关者责任认定及对应行动等进行了逐一说明,此举得到了温家宝总理的批示,称"这件事办得好。企业要向社会负责,并自觉接受社会监督"[1],此后践行社会责任并及时披露信息成为央企的固定动作。到 2018 年,80%以上的央企都结合自身业务特色确立了社会责任理念和重点关注问题,筹建了主管部门和考核体系,发布的英文报告量占总数的一半左右[2]。密集的人力物力财力投入使中国企业在该维度上的国际形象认知往往以正面为主。据爱德曼公关公司 2018 年发布的全球信任度调查显示,世界民众对中国企业的信任比(67%)首次超过同区域的媒体和非政府组织,仅次于政府类机构(76%),充分表明了"在日益分裂的风险社会中,中国企业通过助力所在国社会问题的解决,正成为广受信赖的对象"。尤其是"一带一路"共建国家的当地媒体,对央企在援建希望学校和应急医疗卫生体系、带来体面工作、促进两性职业平等、保护濒危

---

[1] 华伟. 我国中央企业第一份社会责任报告正式发布,国网公司积极树立诚信开放的现代企业形象[J]. 华北电业, 2006(2): 4-5.
[2] 国务院国有资产监督管理委员会. 2018 年度《中央企业社会责任蓝皮书》三大发现[EB/OL]. (2019-01-04) [2021-04-28]. http://www.sasac.gov.cn/n2588020/n2877938/n2879597/n2879599/c10178650/content.html.

动物和自然保护区、提高社区福祉和居民生活满意度、增进人文体验交流等方面予以了高度肯定,打开了中国企业形象更新的宝贵机会窗口。

第四节 外溢:聚焦安全形象

2017年前后,世界形势发生深刻复杂变化,使中国处于百年未有之大变局的重要战略机遇期,国内外环境同步交织、相互激荡。内部方面,中国迎来新的历史方位,宣告开启全面建设社会主义现代化国家的新征程。党的十九大报告指出,中国对世界经济增长贡献率超过百分之三十,发展模式已由高速增长阶段转向高质量发展阶段,正处在转变发展方式、优化经济结构、转换增长动力的攻关期,建设现代化经济体系是跨越关口的迫切要求和我国发展的战略目标。在以《中国制造2025》为代表的国家纲领的推动下,中国先进制造业水平不断提升,一批重大成果相继问世,在关键共性技术、前沿引领技术、现代工程技术、颠覆性技术上谋求创新,为建设科技强国、质量强国、航天强国、网络强国、交通强国、数字中国、智慧社会提供了有力支撑。同时,"培育具有全球竞争力的世界一流企业"的目标被提出,为中国企业的国际化道路提出了更为深刻的时代命题,意味着企业要在产品和服务、技术和标准、管理和团队、文化和传播等多维度上着力提升。而企业形象正是其中最为直观的评判标准。

外部方面,特朗普政府上台成为极化变动因素,使中美关系发生了从合作为主到竞争、冲突甚至战略对抗的根本性转变,引发了全球范围内不少关于"新冷战"是否到来的讨论。2017年12月起,美国政府相继发布了《美国国家安全战略报告》《美国国防战略报告概要》和国情咨文研究,称要践行"美国优先"理念,将中国定义为所谓"邪恶的修正主义国家"和"头号战略竞争对手","脱钩"论调一度甚嚣尘上,成为对华舆论转向的集中标志①。在此鼓动下,美国智库也发明了众多以"大国竞赛"为话语导向的理论并在全球范围内反复发酵,为"中国威胁论"增添新的素材与注脚。典型的有美国国家民主基金会(2017)提出的"锐实力"(sharp power)概念、斯坦福大学胡佛研究所和亚洲协会(2018)抛出的"建设性警惕"(constructive vigilance)说法,均指责中国通过企业、媒体、高校等非政治主体开展"信息战和影响力行动",以"拉拢东欧、拉美等新兴民主国家",成为与西方民主价值观格格不入的"刀尖"。此外,哈佛大学教授格雷厄姆·艾利森(Graham Allison)在2012年提出的"修昔底德陷阱"(Thucydides' Trap)也被再度热炒,被用来佐证崛起国与主导国间对国际秩序领导地位的争夺必将产生结构性压力,进而引发战争,充分显示了该阶段国际舆论对中美竞争走向持有的悲观态度。

国内的向好态势和国外的恶化局势间的激烈碰撞,构成了该阶段中国企业国际形象生成的主要历史背景。出于对中国崛起的战略性防范、对关键高端技术能够引发新一轮军事转型的警惕以及对所谓"俄罗斯干预美国大选"风波中信息武器化的担忧,美国在"进攻型民族主义"的思潮指导下,迅速在2019年上半年以"科技战"的形式开启

---

① 相关表述详见:The White House. National security strategy of the United States of America [R]. Washington DC, 2017; US Department of Defense. Summary of the 2018 national defense strategy of the United States of America: sharpening the American military's competitive edge[R]. Virginia, 2018; The White House. President Donald J. Trump's state of the union address[R]. Washington DC, 2018.

了对中国高科技产业的精准打压,让中国企业自改革开放40余年积累的整体性国际声誉急遽下跌,在全球各利益相关者中造成了史无前例的理解赤字、信任赤字和信心赤字。历史上,日本东芝公司在1987年、法国阿尔斯通公司在2013年、俄罗斯铝业联合公司在2018年都面临过相似情境。通过对美国商务部官网发布的数据统计,截止到行动开启当年的2019年底,中国大陆地区共有239家企业(不包括附属公司)、科研院所及个人被纳入"实体清单",在数量上仅次于俄罗斯的316家,位居第二。其中以信息通信类和半导体技术类企业为主要构成(如华为、中芯国际和海思),占比近40%。此外还有军工类(如航天科工、中国电科和中核集团)、大数据类和人工智能类(如科大讯飞、旷视科技和依图科技)、安防类(如海康威视和大华科技)企业等在内。五年前,清单上的中国企业只有49家,到了2020年5月,中国首超俄罗斯成为数量最多的被制裁企业来源国,充分显示了针对中国的定向打压意图。

尽管业务侧重领域各有不同,但在美国含糊其词的制裁文件中,上述机构都被上升到泛政治高度层面,被认定"涉及从事违背美国及其盟友情报安全、军事安全、网络空间安全和外交利益的活动"。在此当中,因得出"中美竞争的本质是关于谁将控制全球信息技术基础设施和标准"的判断结论[1],信息通信行业成为众矢之的,以此为基点构建的中国企业国际形象也在整体上成为"不安全"的代表。《华尔街日报》《纽约时报》《外交学者》等美国主流媒体都在此时密集探讨了"中国5G技术及其设备厂商与美国国家安全观"间的危险关联,虽然

---

[1] Brookings Institution. Global China-Assessing China's technology reach in the world[R]. Anderson Court Reporting. Washington DC, 2020.

在细节认定上存有差异,但基本都对特朗普政府决策持倾向同意态度。《华盛顿邮报》发表社论称中国正以5G为抓手大举向西方"输出数字威权主义",企图"将内部技术治理模式向其他国家推行,以建立符合其形象和想象的世界",并称"这对于全球人民来说都是极其危险的"[①]。美国消费者新闻与商业频道CNBC将中国正常的科技发展行为解读为"寻求全球权力拓展的超级大国马拉松",建议政府和学界将冷战时期对苏联"行之有效的围堵策略"重新运用于中国[②]。在这些话语背后可以看到,美国对中国企业形象的经济评价已被意识形态维度、价值观维度和政治维度取代,零和博弈、二元对立和军备竞赛的色彩浓厚,在话语上强化国家间的矛盾冲突,充分显示了其从由市场主导的技术竞争到国家主控的技术霸权的彻底转变。

在对企业形象塑造的方式方法上,美国也进行了适时更新。一是在国内舆论动员上,推动形成"全政府-全社会"的对华攻势,充分调动各政府部门、各党派、媒体、企业、非政府组织和学界的力量共同应战,复刻了冷战时期对苏联使用的"白-黑-灰三色宣传法",将营造信息环境、注入利己议程、争夺注意力焦点作为实现感知操纵的关键步骤,在强硬表态和政策制定上甚至出现了较为罕见的"府会合流""两党合流"趋势。二是在盟国的舆论动员上,美国将自身置于规则和道义的制高点,借助自身强大的外交和传播体系,企图说服欧洲及其他

---

① Editorial Board. Opinion:China is exporting its digital authoritarianism[EB/OL].(2020-08-05)[2021-04-08]. https://www.washingtonpost.com/opinions/china-is-exporting-its-digital-authoritarianism/2020/08/05/f14df896-d047-11ea-8c55-61e7fa5e82ab_story.html.
② CHER A. "Superpower marathon":U.S. may lead china in tech right now- but Beijing has the strength to catch up[EB/OL].(2020-05-17)[2021-04-29]. https://www.cnbc.com/2020/05/18/us-china-tech-race-beijing-has-strength-to-catch-up-with-us-lead.html.

亚太地区盟友共同禁用中国通信设备和厂商,以增强对华施压行为的合法性并由此获得更多国家的支持,形成对中国企业的全球围攻合力。三是个别国家领导人亲自下场,将Twitter(现改名为X)等社交媒体平台作为主要发声渠道,以个人号召力挑战传统新闻媒体的信息发布模式和舆论引导力,迎合了后真相式的全球传播环境的变化,在很大程度上滋长了关于中国企业的极化情绪、虚假信息和民粹言论。四是从程序上看,美方众多行政命令和草案都以最大程度缩短公众评论期的方式迅速发布。这种极限施压的舆论操纵模式使多数中国企业缺乏意见反馈和行动反应时间,极易错失最佳对外发声和修复时机,让形象问题雪上加霜。

第五节 重塑:聚焦企业声誉

总的来看,中国企业的国际形象大范围形成于改革开放政策推行之后,随后在国内制度环境调整、国际局势变迁和对华态度转变、企业自身生产经营行为的三方影响下,与中国企业"引进来"和"走出去"的步伐同振,经历了曲折的渐进式上升发展过程,始终与国家形象紧密绑定,是20世纪80年代以来中国积极融入世界市场大潮最具代表性的微观案例,极具研究价值。自国际形象问题诞生起,中国企业就面临着知名度和美誉度不共存的情况,并作为主要发展症结之一延续至今,其中既有利益相关者基于企业表现形成的客观评价,也有部分国家在有限接触上产生的模糊性想象和猜测性认知,更有部分国家蓄意的污名化和妖魔化结果,为准确理解当前高科技企业所处的舆论困境提供了较为完整的历史背景梳理。

在生成动力上,中国企业的国际形象长期以"他塑"为主,特别是受以美国为代表的西方国家影响巨大,中国经济实力水平提升和中美关系变动在其中发挥了重要的调节作用。西方将声誉资源视作国际关系中实施敌对行动的一种作战工具、打击目标和发生领域,对中国企业的形象建构经历了从功能性层面到规范性层面再到美学层面的由小到大、由表及里、由浅入深的阶段化转变;关注焦点相应从微观的产品质量和技术含量转移到中观的企业管理和制度规范,最后再到宏观的国别身份和安全属性;打击手段从施加贸易和技术壁垒到高筑制度和舆论屏障。如此,让本属于经济讨论范畴的企业形象逐步蔓延到道德、文化、外交等泛化领域,成为服务于特定国家政治目标的工具,深刻体现了美国在面对以中国为代表的后发国家崛起时,对自身工业霸权、技术霸权、标准霸权和道义霸权的极度警惕和竭力维护。必须说明的是,本章按时间线索梳理的四个历史阶段及其核心表征并非纯粹的线性更替过程,而是选择了每一时期中最突出的现象进行总结,其中提到的形象问题可以在不同时段内同时存在。

尽管中国企业的国际形象还处于不断发展变动中,但毫无疑问的是,破除当下的形象发展困境、树立世界范围内稳定持续的正向口碑,才是成为世界一流企业的必由之路和最高目标。这就要求企业在声誉塑造上久久为功,这也是判断企业形象建构有效性的根本标准。企业声誉是指各利益相关者在一定时间范围内,通过直接或间接接触对某企业形成的、相较于其主要竞争对手而言的、当下和未来发展前景的综合吸引力评估。它是对企业所有历史行为及其导致结果的统一体现,可以用来反映企业的价值提供能力、在社会关系网络中的相对位置和在市场竞争环境与制度环境中的地位。但不论是经典评价体系中《财富》杂志"最受赞誉企业"排行榜、《福布斯》杂志"最佳社会责任履行企业""最佳雇主"排行榜、美国声誉研究所 RepTrak"最受尊敬企业"排行榜、还是波士顿咨询公司"最佳创新企业"排行榜,中国企业的出现频次都寥寥无几。其中纵然有西方系统性的歧视原因,但也与中国企业自身能力建设不足有关。既有实证研究证明了全球媒介舆论环境的改善会对一国的工业制成品特别是高新技术产品的出口起到明显的增益作用,而舆论环境的恶化则会直接导致消费者的替代行为选择[①]。当前,中国企业面临的国际形象危机已不再是抽象的概念讨论范畴,而是对生产经营造成了切实性影响,甚至是打击。这就迫切要求学界在找到中国企业国际化发展的历史方位坐标后,能够对其当下所遭遇的危机形成机制、原因和对策开展更为细致的剖析。

---

① 孟丽君,李钢. 逆全球化背景下媒介舆论对中国出口贸易的影响研究[J]. 财贸经济,2021,42(11):146-160.

第三章
"科技战"中涉华高科技企业的全球话语博弈

基于以上的历史变迁梳理,本章以当下仍在进行中的第四阶段聚焦安全形象为背景,就中国高科技企业的国际媒介形象进一步展开批判性分析,以剖析外部主塑群体的话语意义结构和生成传输机制。作为一种文本形式,大众媒介形象之所以具有较高的样本研究价值,首先与其在媒介化社会中作为公众了解外部世界的重要渠道及参照地位有关,能够架起现实的客观事物与人的主观认知之间的桥梁。其次,与一般社会热点事件不同,5G技术与"科技战"等政治经济类议题,因具有较高的专业知识壁垒和事实复杂程度,即使在社交媒体上获得了广泛关注,但对其的权威报道仍主要来自传统新闻机构,其不仅是决策精英释放信号的有效窗口,也是建设时间线完整、信息量充足、可信度较高的语料库的关键来源。最后,以各国主流媒体为代表的严肃类媒体,在关系国家重大利益和社会公共安全的事项上,能够对政策制定、公共舆论和地方性媒体起到明显的议题引领作用。特别是在如安全化等难以直接掌握其来龙去脉的事项上,公众回归传统媒体框架进行判断的倾向会更加明显,也让其发布的报道深深打上了本国主流价值观印记,能够帮助公众准确判断其国家整体态度。

本章首先根据不同地区在此次"科技战"中的舆论影响力和关系嵌入度,对研究对象进行了场域划分,以探究全球舆论场中的不同分层是否会对中国高科技企业形成差异化认知。在此设定中,主要有三层研究对象。

核心层:以美国为核心。

美国是该阶段对华"舆论战"的发起者、议程制定者和主要推动者,同时在其强大的全球政治外交体系和传播体系的助力下,其原生话语持续向外辐射和引导的能力很强。

中转层:以美国的传统盟友欧洲国家为核心。

同为西方国家的欧洲国家是美国话语的重要中转场,同时是中国5G技术海外部署的重要市场与合作伙伴,其态度对中国高科技企业的国际化进程具有深远影响。已有学者注意到,美国在此次事件中积极号召联盟国共同禁用中国通信设备,但并未得到一致的积极回应,特别是欧洲国家出于自身考量做出了不同程度的政策行动[①]。根据事件发生时的 Brand Finance 发布排名,本章选择欧洲五大电信运营商所在地德国、英国、法国、意大利和西班牙为样本,尝试分析其是否保持了对中国高科技形象建构的自主框架,且在话语表征上与美国有何异同[②]。

扩散层:以中国5G技术海外部署的非西方国家为核心。

非西方国家曾长期是西方话语的边缘扩散场,但随着近年来其整体实力和国际事务参与意愿的增强,正成为全球舆论场中不可忽视的共建者。根据中兴等行业代表企业的年报数据并结合访谈发现,在当前西方市场受挫情况下,亚太地区正成为表现亮眼的业务增长点。特别是以沙特阿拉伯、阿联酋、卡塔尔等海湾国家为代表的中东国家,以

[①] 孙海泳.试析美及其盟国对华科技施压状况[J].信息安全与通信保密,2020(10):69-81.

[②] Brand Finance. Telecoms 150 2021 ranking[EB/OL].(2021-02)[2021-05-01]. https://brandirectory.com/rankings/telecoms/2021.

泰国、菲律宾、印度尼西亚为代表的东南亚国家,因同时具备一定量级的市场规模、资金实力、与中国合作的意愿且盈利良好,是中国信息通信企业未来发展的重点关注对象。总计 12 个国家样本,见表 4-1。

表 4-1 样本国对中国 5G 技术和相关企业的政策态度(截至 2021 年 1 月 20 日)

话语层级	国家	择用立场	政策表态
核心层	美国	完全禁用	禁止政府及其供应商采购中国企业设备
中转层	德国	倾向不禁用	在符合安全和技术标准条件下,不阻止中企参与 5G 建设
中转层	英国	完全禁用	从允许有限参与,到计划 2027 年前撤除所有中企 5G 产品
中转层	法国	部分禁用	不排斥中企参与 5G 建设,但设备许可证到期后不再续发
中转层	意大利	部分禁用	从有条件允许中企参与 5G 建设,到否认签订的供应协议
中转层	西班牙	不禁用	将中企作为 5G 建设的核心供应商
扩散层	沙特阿拉伯	支持使用	与中企签署谅解合作备忘录,共同实现本国数字愿景
扩散层	阿联酋	支持使用	与中企签署战略合作协议,共同部署 5G 商用网络
扩散层	卡塔尔	支持使用	与中企签署战略框架合作协议,购买 5G 技术解决方案
扩散层	泰国	支持使用	与中企签订合作协议,助力本国智能制造与核心网建设
扩散层	菲律宾	支持使用	认为中企不存在安全问题,宣布采用其 5G 技术服务
扩散层	印度尼西亚	支持使用	与中企签订本国首项 5G 商用网络合作协议

接下来,本章按照以下四个步骤,对每个层级分别展开话语的文本处理:

(1)确定文本搜集的时间范围。考虑到"科技战"最初发端于中兴受制裁事件,并贯穿于特朗普政府任内,因此将时间点设定为2018年4月16日美国宣布对中兴实施销售禁令至2021年1月20日拜登正式就任美国总统,可以由此获得一个完整的媒介观察期。

(2)选择各国代表性媒体,重点关注有全球性或区域性影响力的综合类、财经类报纸、杂志和通讯社。在话语的核心层上,将美国的《纽约时报》(*The New York Times*)、《华盛顿邮报》(*The Washington Post*)和《华尔街日报》(*The Wall Street Journal*)作为整体进行考察,它们都是专注报道国内外重大事件的严肃媒体,能够反映本国社会意见的集合性特征。在话语的中转层上,德国的《明镜周刊》(*Der Spiegel*)是本国最重要的政治刊物及欧洲最具影响力的杂志之一,英国的路透社(Reuters)和法国的法新社(Agence France-Presse)并列位于世界四大通讯社行列,意大利的《晚邮报》(*Corriere della Sera*)是当地的第一大报,西班牙的《世界报》(*El Mundo*)为本国日访问量最大的电子报纸,它们共同构成了美国传统盟国的舆论矩阵。在话语的扩散层上,中东方面,沙特阿拉伯的《新闻报》(*Arab News*)和阿联酋的《海湾新闻报》(*Gulf News*)分别是本国发行量最大的英文报刊和主要新闻来源,卡塔尔半岛电视台(Al Jazeera)则是域内最具影响力的电视媒体;东南亚方面,泰国的《民族报》(*The Nation*)、菲律宾的《马尼拉时报》(*The Manila Times*)、印度尼西亚的《雅加达邮报》(*The Jakarta Post*)都是广受当地知识和决策精英关注的英文报刊。

(3)建立语料分析库。在道琼斯旗下的Factiva全球新闻数据库中,以中兴的英文名称"ZTE or Zhongxing"为关键词进行文字报道收集。经重复性和非相关主题筛查,共得到1704篇核心层的143万词文本、1550篇中转层的115万词文本、408篇扩散层的33万词文本,最终建立起包含3662篇新闻报道在内的、共计291万英文词汇的语料库,见表4-2。其中因《明镜周刊》为德语文本、法新社为法语文本、《晚邮报》为意大利语文本、《世界报》为西班牙语文本,本章还借助DeepL翻译软件进行统一英文化处理。该软件使用神经网络数学算法,利用Linguee的现有数据集进行词句翻译识别,官网公布的精准度测试得分高于谷歌、微软、百度和有道等其他同类软件,能够较好保证跨语种文本间翻译的效度。

表4-2 语料库信息

话语层级	国家	代表媒体	报道篇数	文本词数	总计
核心层	美国	纽约时报	500	38万	1704篇 143万词
		华盛顿邮报	524	47万	
		华尔街日报	680	58万	
中转层	德国	明镜周刊	103	10万	1550篇 115万词
	英国	路透社	978	70万	
	法国	法新社	273	18万	
	意大利	晚邮报	86	7万	
	西班牙	世界报	110	10万	
扩散层	沙特阿拉伯	新闻报	65	5万	408篇 33万词
	阿联酋	海湾新闻报	107	9万	
	卡塔尔	半岛电视台	62	5万	
	泰国	民族报	51	4万	
	菲律宾	马尼拉时报	81	7万	
	印度尼西亚	雅加达邮报	42	3万	

(4)进行文本的概念提取、频次计算和话语网络分析。在Python环境下使用自然语言工具NLTK(Natural Language Toolkit)对原始英文文本进行分词。去掉数词、代词、连词、情态动词、人称代词、时间词等无效词汇后,以提取词干的方式得到每个层级中的高频关键词。将关

键词结果导入 Gephi 软件进行语义网络分析,通过对词语间的中心度、接近中心性、中介中心性、特征向量中心度的计算,探测出高频词汇间的聚类关系,同时辅助以人工判断,将前 30 个聚类中心词进行可视化呈现,最终得到语义框架。为保证该人工判断步骤的信度,同时增加了一位辅助编码员,对所得词汇的 10% 进行了抽样检测。

米歇尔·福柯(Michel Foucault)首先将权力概念引入话语分析领域,认为作为植根于特定历史阶段、针对特定议题的系统性陈述方式,话语能够对社会意义进行描述、规范、许可和控制。在他看来,话语不仅是能动性的指涉和交流工具,更是一切社会性和政治性权力的本质存在与获取基础,通过结构化的生产网络运作,帮助确立知识及信仰体系、培育社会身份、塑造社会关系,具有强烈的实践性和建构性特征[①]。沿着该理论思路,本章以詹姆斯·保罗·吉提出的话语分析工具为基础框架要素,探究施动者如何通过话语运用建构中国高科技企业国际形象的媒介表征、议题内涵和价值隐喻,帮助揭示隐藏在话语公共交往背后的根源性权力结构和意识形态。它们包括:

意义(significance),关注特定事物被赋予何种语义和价值;

活动(activities),指明话语被用来促成主体或客体何种行动的开展;

身份(identities),通过让他人承认其有效性,辨析话语被用来促成了哪种或哪几种身份的确定;

---

① 福柯. 话语的秩序[M]// 肖涛,译. 徐宝强,袁伟,选编. 语言与翻译的政治. 北京:中央编译出版社,2000:3-9,17-21.

关系(relationships)，即话语建立起了主体与客体间哪种或哪几种身份联结；

立场和策略(politics)，指话语传达出了主体对社会产品分配性质的何种观点，可以牵涉到对诸如肯定、责备、罪行等动机推论；

联系(connections)，用来观察话语如何在事物间建立或断开联系，使事物彼此相关或不相关；

符号系统与知识(sign systems and knowledge)，揭示话语如何使某种符号系统在特定环境中占优势或不占优势，或使获取知识和信念，或宣称知识和信念的方式占优势或不占优势。

与此同时，考虑到"科技战"已成为由国家主塑的具有优先级别的政治经济事项，相较于其他议题而言，在国际传播过程中为实现对他国政策劝服的外交目的导向更加明显。因此，本章聚焦于国际政治话语的特殊性，从国际关系学的建构主义中引入了政治修辞理论(political rhetoric theory)，以针对性探讨一国的政策观念与议程是如何通过话语活动进行呈现与互动，进而引发传递和变迁的。该理论将外交政策的对外扩散过程视作不同利益方相互角逐话语合法性、进行利益协商和妥协的过程，是现实环境中国际政治博弈的拟态表现。话语主导方通过信息传播活动展示和阐释自身立场，寻求将本国诉求转化为具有普遍国际约束力的规则与制度安排。而大众媒介恰恰是该传导链条上最重要的一环，能够将晦涩的政治议程大众化、通俗化甚至娱乐化，引发目标受众的情感共鸣、道义支持及法理认同。

本章将岳圣淞的政治修辞发展阶段[①]和吉的话语分析工具相结合，提出了对全球三层舆论场中媒介话语的识别分析框架：第一步是语境建构，话语主导方提出关切事项，阐明定义和意义，明确道德评判标准，并对关联的符号和知识系统进行框定，以在短时间内激发受众关注、提升议题的重要级别；第二步是角色塑造，划分自我与他者身份，明晰"敌人是谁"以及"我们是谁"的集体关系，在进行责任外部归因的同时，凸显共同利益的受损；第三步是利益动员，渲染故事情节与冲突，从利害关系的收益比角度强调共同行动的联系必要性，呼吁更多相关者采取一致的立场和策略；第四步是方案建议，提出应对的活动方案和政策框架，及其带来的明确的正义结局。框架要点参见表4-3。

表4-3 媒介形象分析的话语理论框架

步骤	话语内容	组成要素
1	语境建构	意义、符号和知识系统
2	角色塑造	身份、关系
3	利益动员	联系、立场和策略
4	方案建议	活动

第一节 话语核心层：美国的安全化动员机制

在美国媒体方面，共计算得到114435个分词单词总数，其中有105477个词频低于10的单词被过滤，不纳入最终计算范围。在由其余单词构成的语义网络中，探测出了以"中国"（China，14%）、"美国"

[①] 岳圣淞.政治修辞、安全化与美国对华政策的调整[J].世界经济与政治，2021(7)：78-103, 158-159.

(US，11%)、"华为"(Huawei，11%)、"特朗普"(Trump，10%)和"企业"(company，6%)为核心关键词的占最大权重的共现聚类群,规模最大的30个核心词集群的简化网络关系如图4-1所示。其中,节点越大表示该集群的中心关键词词频越高,节点间的连线表示集群间的语义关联。

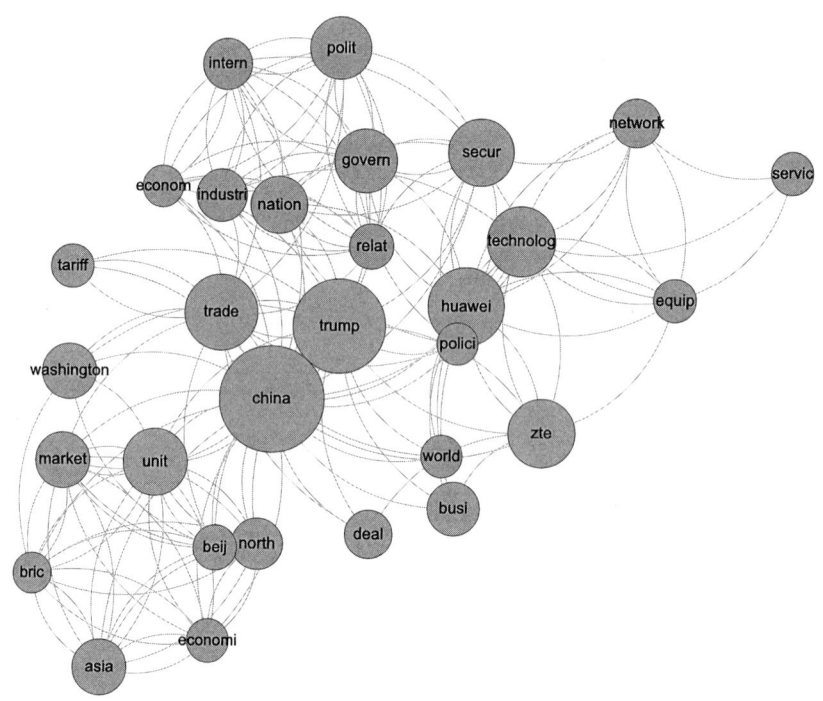

图4-1 核心层的高频集群网络图

注释:本文以提取词干的方式得到每个话语层级中的高频关键词,并据此生成集群网络图。因提取词干而导致单词显示不完整,或不符合传统拼写规范,特此说明。

根据对核心集群及其与子集群关系的进一步观察,可发现单一且持续升级的安全化(securitization)路径是美国媒体对以中兴为代表的中国信息通信企业的主要形象建构方向。该理论最初由建构主义的哥本哈根学派提出,认为安全化是行为主体对外部威胁进行判断后产生的一种极端化政治表现形式,其实现方式通常为一国政府宣布自身受到严重的存在性威胁,随后通过科学议程的辅助来证实该威胁确实存在,再经由媒介议程或外交议程等话语行动进行广泛的社会动员,以争取获得舆论道义上的领先性和执行方案上的合法性,使其能够紧急动用非常规的政治性甚至军事性手段来应对安全威胁。理论上,不论客观的情况如何,对任何一件公共事务的定性都可以通过该方式,实现从非政治化到政治化再到安全化的全过程演变。采用该行动的主要目的往往不是辨明或处理客观威胁,而是通过话语建构起何为威胁以及集体应如何应对威胁的共识,以达成国内外特定的政治诉求。有效的安全化话语运作不仅可以借助形塑他者的敌对身份、叙述自身的危机故事来凝聚内部共识,还能为指涉对象制造话语障碍、形成舆论压力,严重时甚至可以助推战争的爆发。

按照上文提出的话语分析框架对语料库中的高频集群关键词进行分类归纳,并回溯到具体语境中补齐词缀,得到了美国核心层媒体报道中的主要话语结构,见表4-4。

表4-4 核心层的话语结构

语境建构		角色塑造		利益动员		方案建议	
核心词	频次	核心词	频次	核心词	频次	核心词	频次
trade	4765	China	9460	Asia	2618	limitation	2142
technology	4072	USA	9328	international	2169	deal	2015
security	3787	Trump	7398	Communist	1694	tariff	1765
political	3233	company	7201	west	1414	equipment	1743
national	2713	Huawei	5158	Democratic	1166	policy	1483
market	2585	ZTE	3920	world	1145	sanction	1408
industry	2399	government	3399	Republican	1070	investment	1172
threat	1033	foreign	1414	Europe	1023	ban	1170
emergency	1002	telecom	1402	Pacific	989	law	1118
risk	1001	Beijing	1358	free	976	system	1004

一、显性的话语建构

（一）语境建构

在语境建构上，美国媒体以长期存在的"中国威胁论"为宏观幕布构建起了大国冲突的话语场景。

首先，在争议问题的界定上，提出了5G是引领未来国家间战略竞争的关键要素，而掌握该项技术（technology，4072次）的中国企业进入他国市场会突破他国在信息空间建立的情报和军事防线，进而对国家安全（security，3787次；national，2713次）产生严重威胁（threat，1033次；risk，1001次），因此对中国企业的打击是出于自我防卫的正当需求和紧急事项（emergency，1002次）。

其次，在作用机制和风险后果的阐释上，强化受众在不同领域对中国"威胁"的感知。经济层面，在美国历史上首次将经济安全问题模糊等同于国家安全问题，认为拥有庞大贸易体量（trade，4765次）、先进工业水平（industry，2399次）的中国，持续通过违背世界贸易组织成员方义务、强制在华企业转让技术和操纵汇率等手段，企图侵占美国在全球市场（market，2585次）中的优势地位，单方面挑起了对美国的"贸易战"，使美国国内的经济形势和就业局面进一步恶化，有引发社会分裂和动荡的可能，见示例4.1。政治层面，渲染中国政府和中国共产党为了实现特定政治目标（political，3233次），以行政力量支持企业的全球化扩张，试图以经济吸引换取他国对自身社会发展模式的认同和复制，此举将对西方引以为豪的价值观和自由民主制度造成毁灭性打击,见示例4.2。技术层面,指责中国企业及产品存在技术安全问题,不仅会影响美国关联产业的健康发展,还会大举收集和恶意窃取用户的通信数据,有造成信息监视和隐私泄露的风险。最后在政策立场阐明上,强烈呼吁5G议题应引起各国、各党派、各机构和民众的关切,号召对违规的中国企业实施制裁,并发动政治力量对中国进行安全防御和对等打击。由此,美国媒体构建了一个完整的叙事蓝图,将技术问题初步上升到政治安全化高度。

示例4.1:"到目前为止,下一代5G网络的潜在优势已经广为人知,例如全新的工业网络和优雅的自动驾驶汽车……如果国内公司在与国外公司争夺5G技术的竞争中失利,美国的脆弱性将更为放大。许多美国政策制定者都表示,如果该行业开始依赖中国设备,情况将尤为糟糕……华为和中兴正在为其网络设备开设后门,中国政府可以利用它们威胁美国以及全球技术的安全。"(《华盛顿邮报》,2018-09-12)

示例4.2:"高科技正成为民主国家面临的新生存挑战。世界正处于典型的技术军备竞赛中,无论谁赢得这场比赛都将带头为新兴技术系统重新制定规则、标准和规范。但如果是中国获胜,情况就会非常危险。不论是5G、人工智能、互联网、量子力学还是大数据,美国都必须比中国发展得更快、更好且更自由。"(《华尔街日报》,2020-12-15)

(二)角色塑造

在角色塑造上,可以看到中国(China,9460 次;Beijing,1358 次)、美国(USA,9328 次;Trump,7398 次)、以华为和中兴为代表的企业(company,7201 次;Huawei,5158 次;ZTE,3920 次)是美国媒体在该议程中的主要形塑对象。在三者的角色定位上,"反对"(against)、"竞赛"(battle)、"冲突"(conflict)和"战争"(war)都是常用的搭配词汇,以显性或隐喻的方式突出外来力量与民族主义甚至是与孤立主义和民粹主义间的博弈和对抗之感。

在中国的身份塑造上,围绕"强劲对手"(powerful opponent)展开。一方面强调中国物质力量的庞大,描述其作为世界上最大的发展中国家和新兴经济体、"一带一路"倡议发起国、"金砖国家"和亚太经济合作组织等多边协定成员,具有强大的综合实力和资源调动力,暗示能够造成不可比拟的外部破坏;另一方面凸显"他者"的差异化形象,描述中国在地缘位置和文明形态上是与美国不同的亚洲国家和东方国家,在发展道路上是与西方对立的社会主义国家和共产主义国家,行文中透露着恐惧与排斥。

在对美国的身份塑造上,则围绕"受害者和反抗者"展开。"受害者"指的是美国是中国企业不正当竞争行为和中国崛起野心的直接受损者,其在全球的经济利益、政治声望、军事威慑和价值观影响上都面临着不同程度的打击;"反抗者"则持续放大自己作为亚太国家一员和世界领导者的责任义务,不仅要在国内采取"美国优先"的政策导向以排除中国干扰,还要带领其他受害国共同维护世界秩序的平衡与稳定,见示例4.3。

示例4.3:"这是我们百年一遇的挑战。从打败法西斯主义到推倒铁幕,美国总是第一个奋起反抗。评判这一代美国人是否成功的标准,将依据他们对中国我行我素、企图取代美国成为主导性超级大国的反应。情报证据很清楚,我们有责任对此作出回应。"(《华尔街日报》,2020-12-03)

在企业身份的塑造上,重点围绕中兴和华为展开,在业务上将二者定义为网络设备和智能手机的提供商以及发展人工智能的潜力者,在属性上持续使用"来自中国的电信巨头"(Chinese telecom giant)这一修饰词来强化品牌的来源国印象,指责其大量使用政府采购基金和补贴融资、开设技术"后门"、多次违反美国合规要求,见示例4.4。

示例4.4:"华为是一家来自中国的网络设备和手机制造商,拥有最多的5G标准专利,近年来销售额超过了欧洲的爱立信和诺基亚等竞争对手,为世界各地的电信公司提供服务。2012年美国众议院称它和另一家中国企业中兴会威胁国家安全,可能允许中国政府使用其设备监视全球网络。"(《华尔街日报》,2020-11-10)

(三)利益动员

在利益动员上,一般情况下,当行为体具有明晰且单一的共同目标时,合作机制就相对容易达成,并有在具体领域中产生效应外溢的可能。为在全球范围内获得更大的支持力度和打击强度,美国采用伙伴式话语,将中国企业树立为国内两党成员、同盟国家、地区安全伙伴和国际机制参与者的共同威胁,呼吁各利益相关者加强合作,承担起共同抵御中国的责任,如图4-2所示。

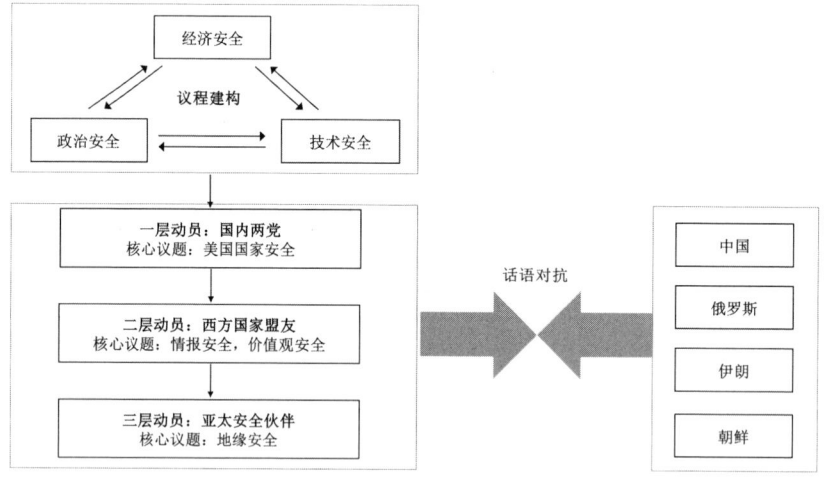

图4-2 核心层的利益动员机制

在对内动员上,以协调民主党和共和党的政策一致为主要目标,通过指责中国企图干预中期选举和在美进行政治影响力渗透,在代表不同集团的碎片化精英内部建立起了较为牢固的"反华共识",有将对中国企业的暂时性打压发展为长期制度性原则的趋势,见示例4.5。

示例4.5:"中国正在准备与美国无限期对抗,美国也应该做好准备。国家领导人必须跨越党派分歧,了解这一威胁,公开谈论它,并尽快采取一致行动解决它。"(《华尔街日报》,2020-12-03)

在对外动员上，一个是重点面向加拿大、西欧、澳大利亚和新西兰，它们是美国主导下的北大西洋公约组织和"五眼联盟"的核心成员。在此层面上，美国以保护西方国家的集体安全和维护国际现行秩序为出发点，通过许诺提供技术资金援助的诱导或关闭共享情报入口的威胁，游说相关政府和运营商禁用中国企业产品与服务，见示例4.6。与此同时，美国还经常性地利用西方国家对某些问题的集体忧虑来加深其对中国的恐惧，如多次在同篇报道里将中国与所谓"修正主义国家"俄罗斯、"流氓政权"伊朗和朝鲜、国际恐怖组织伊斯兰国并列，暗示技术问题是与地缘安全问题同等紧急的危机事项。

> 示例4.6："世界现在面临一种新的集体性挑战，即威权政府正企图融入西方的经济秩序……蓬佩奥向英国发出了严厉提醒，安全性不足将限制美国与英国在可靠网络内分享敏感情报信息的能力，而这正是中国想要的——分裂西方国家联盟。"（《纽约时报》，2019-05-08）

另一个是重点面向亚太地区的日本、韩国、新加坡、菲律宾、泰国和印度等国家，它们在冷战后与美国在地区安全事务上长期保持着紧密联系。在此层面上美国以稳定地区秩序为出发点，将中国维护国家主权与领土完整的合理军事行为妖魔化，渲染崛起的中国必将对周边国家形成霸凌威胁，其地缘战略野心是对亚洲稳定繁荣的最大挑战，见示例4.7。

> 示例4.7："随着中国在南海的存在感不断增加，特朗普政府正推动澳大利亚和其他太平洋国家对北京采取强硬立

场。蓬佩奥最近在澳大利亚之行中强调了其在中美间进行地缘政治选择的重要性。一些分析人士可能急于将联合海上演习解读为东盟国家开始集结反击的信号。"(《华盛顿邮报》,2019-09-13)

(四)方案建议

在相对应的方案建议上,美国将技术打压作为关键步骤,呼吁本国及全球盟友国家对中兴、华为等相关企业进行严厉的直接打击和制裁(sanction,1408次),将其列入"实体清单"、限制出口(limitation,2142次)、禁止购买和使用服务与设备(ban,1170次)、提高关税壁垒(tariff,1765次)、限制海外投资(investment,1172次),甚至是拘押负责人,以表现开展极限施压的决心。同时主张建立长期性的系统防范策略(system,1004次),多次提到对中国高科技企业的打压是一项未竟事业(unfinished business),需要留待未来长期观察,流露出将会通过协议谈判(deal,2015次)、法律法规出台(law,1118次)等方式取得最终胜利的信心。

二、隐性的操纵手段

除了显性的话语建构外,更值得注意的是,美国为保障该套安全话语的贯彻而施行的隐性操纵手段,有超越技术领域而在更高层次、更广范围、更深程度上形成舆论攻讦的可能。其主要手段如下。

(一)复活冷战余烬

美国将意识形态对立作为黏合国内外政治力量、推行国家外交政策的重要工具，从而将竞争对手置于非道德境地，掩盖其真实的霸权掠取意图。这种方法通过频繁使用"共产党"和"共产主义"（Communist，1694次）词汇，将世界建立在所谓自由主义和共产主义的划分基础之上，将中美在经济和技术领域的正常竞争关系，扭曲上升到以西方国家为核心的"自由世界"（free，976次）、"民主国家同盟"与"共产主义世界""威权国家联盟"的集体冲突层面。如此，强调双方在价值观念、治理模式和生活方式方面的根本不同，歪曲中国是"极权的""反民主的""压迫人权的""反资本主义的"，渲染中国在强大军事力量的配合下能对其他新兴国家形成示范效应，从而颠覆西方的存在性基础，暗示"新冷战"即将爆发，见示例4.8。

  示例4.8："美国必须重新学习丧失的意识形态斗争艺术。只有挑战中国共产党的基本合法性，美国才能赢得这场战争，从而确保自由、开放和繁荣世界的存在……西方价值观的优越性体现在人的尊严和自由、新闻自由、工会自由、企业自由和政治民主……必须让中国共产党难以利用新兴技术进行政治控制，因此就必须阻止华为和中兴等党派公司对美国的设备出口，硅谷应率先停止与可能加剧人权侵犯和信息监视的中国企业的合作。"（《华盛顿邮报》，2019-07-10）

从图4-3的国家语义网络可以看到，在两大阵营的划分上，与中国同篇出现的高频关联国还有俄罗斯和伊朗，它们被统一视作影响西方安全的不稳定要素；而美国则与加拿大、英国、澳大利亚、日本和印度等盟国关系更加密切，见示例4.9。延续该思路，来自中国的且掌握着5G核心技术的中兴和华为,就脱离了本质的经济讨论范畴,被打上了莫须有的"共产党控制""党派公司""国有企业"等烙印,具有以信息通信技术操纵意识形态的天然动机和能力,因此也是"不值得信赖"且"需要严格核查的"。

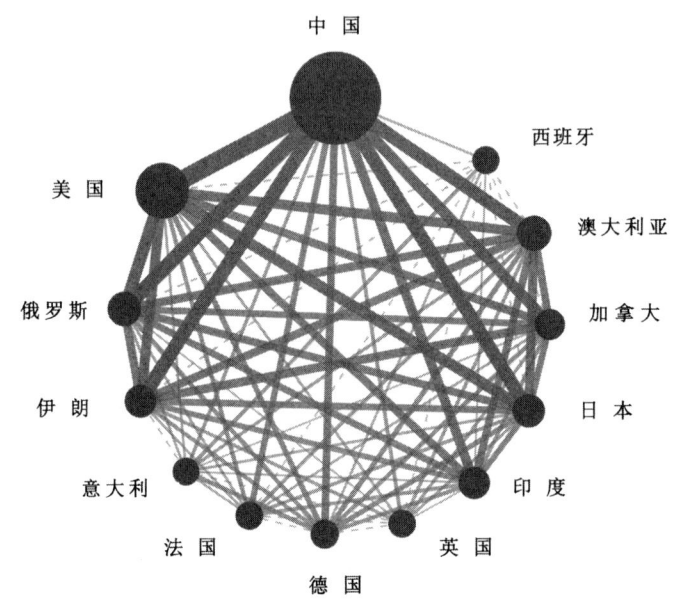

图4-3 核心层所涉的高频国家语义网络图

示例4.9:"七国集团合作的本质是保护自由世界免受那些不尊重我们共同基本价值观的人的侵害,这些价值包括:人的自由和尊严、人民和国家的平等权利、公平规则。行动的有效性始终与团结程度成正比。当我们在加拿大开会讨论中国可能造成的威胁时,必须牢记这一点。只有团结起来,我们才能保护自由世界。"(《纽约时报》,2018-06-8)

(二) 偷换概念

这一手段可以具体拆解为两个步骤。第一步是身份模糊,用"中国""北京""中国共产党"等模糊性集体概念指代企业的具体名称,暗示企业的非独立性和受操控性。这种将独立事件作为社会整体现象来处理的方式,为公共话语留出了更多的释因空间,更易刺激读者做出社会结构弊端的归因而忽视对事实细节的探索,有助于强化对中国的整体刻板印象。第二步是强行建立联系,将中国高科技企业发展的经济和技术问题与国家政治行为进行绑定,特别是在毫无关联的涉疆、涉藏、涉港、涉台内政问题上,在南海争端、中印加勒万河谷边境冲突、中日钓鱼岛等事关主权国家领土安全的问题上,以及在中国作为国际社会一员对伊核协议、朝核协议、巴以冲突等其他地缘问题的表态上,相互间混为一谈、反复发酵,暗示其中存在的因果逻辑关系,见示例4.10。

> 示例4.10:"北京变得越来越自信,在整个南海提出广泛的领土主张,对邻国进行恐吓,终止香港的特殊地位,威胁澳大利亚对新冠疫情的调查,与台湾经常冲突,与印度爆发领土争端……随着中国在5G和人工智能上的进步,真正的霸权之争将会在国际贸易、金融、发展和技术领域展开。"(《华盛顿邮报》,2020-12-03)

这些文字游戏将企业常规的国际化拓展行为塑造成了中国在世界范围内推行影响力的抓手和工具,通过议程的泛化和描述的政治化,精准触发了不同国家对于中国的不满情绪和抗拒心理,以尽可能多地将更多主体纳入对中国的舆论攻讦战队中,进而将连带责任扩大到中国企业身上,由此引发购买抵制。越南受南海问题的影响、英国受香港问题的影响,都严格禁用了中国企业的5G设备。而与之形成鲜明对比的是,美国媒体在报道同为信息通信行业领军的欧洲企业爱立信和诺基亚、韩国企业三星时,却采用了"让政治归政治、让经济归经济"的严格分区,并未将这三家企业与本国政治问题甚至是全球国际环境变动进行关联,见示例4.11。

> 示例4.11:"其他公司可以从美国和中国的敌对之中获益。来自外部的中立的技术供应商,比如韩国三星集团、瑞典爱立信公司和芬兰诺基亚公司,都有可能接替中国公司的市场份额。"(《华尔街日报》,2020-10-22)

(三)一面之词和片段截取

这种手段通过调整信源的在场和缺席状态,选择性地呈现单方面观点,刻意弱化另一方的合理诉求和发声机会,以对受众进行有意识的观点引导,构建起不完整的事件面貌。据统计,美国媒体援引的高层发言中绝大多数都来自美国,其中以特朗普(253次),以及时任商务部长罗斯(235次)、财政部长姆努钦(202次)、联邦参议员卢比奥(104次)、国务卿蓬佩奥(104次)、白宫贸易顾问纳瓦罗(104次)的曝光率最高,此外负责情报安全、贸易工作、外交工作等方面的中层官员观点,也常被作为独立篇章发布。而中国方面,出现最多的仅有孟晚舟(134次)、任正非(119次)、华春莹(82次)和赵立坚(34次),且多为状态描写或官方发布的信息转引。而与制裁事件直接相关的中兴则没有出现在前50位的信源排行中。

第二节 话语中转层：欧洲的价值平衡机制

在欧洲媒体方面，共计算得到 68551 个分词单词总数，其中有 62051 个词频低于 10 的单词被过滤，不纳入最终计算范围。在由其余单词构成的语义网络中，探测出了以"中国"（China，24%）、"新的"（new，11%）、"亚洲"（Asia，9%）、"中兴"（ZTE，6%）和"技术"（technology，4%）为核心关键词的占最大权重的共现聚类群，规模前30位集群中的核心词简化网络关系见图4-4。

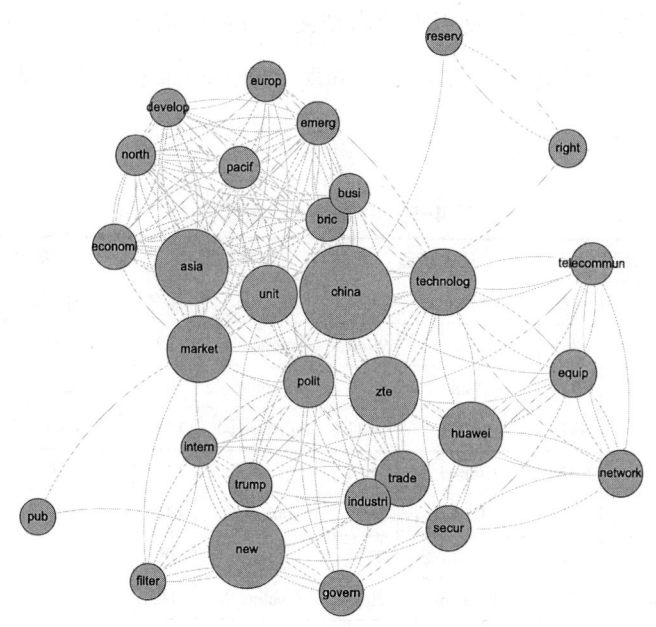

图 4-4 中转层的高频集群网络图

注释：本文以提取词干的方式得到每个话语层级中的高频关键词，并据此生成集群网络图。因提取词干而导致单词显示不完整，或不符合传统拼写规范，特此说明。

2018年起,美国政客多次赴欧洲大国游说,声称以中兴和华为为代表的中国信息通信企业存在窃取用户隐私、泄露商业机密的安全风险,有可能协助中国政府截取情报或攻击信息网络空间,并声明未来有关驻军和基地建设的决策可能会取决于哪些国家在5G建设中率先排除中国技术。然而此次话语指令发出后,除澳大利亚、新西兰和日本立即明确表示将追随美国的政策外,其他传统盟友国家并未在短期内积极响应或经评估后表示无法完全禁用。这一分散现象与西方联盟长期保持的较为一致的国际话语惯习形成了明显差别。历史上它们曾在美国主导发动的阿富汗战争、伊拉克战争、伊核问题和朝核问题等上结成过话语联合阵线,以服务群体性全球或区域战略目标的推进。这至少表明美国叙事在对华科技和企业议题上已不再处于一家独大的垄断地位,新变动因素的出现使其政策话语在全球范围内的号召力和有效性面临着重新评估的问题。欧洲媒体形成的主要话语结构见表4-5。

表4-5 中转层的话语结构

语境建构		角色塑造		利益动员		方案建议	
核心词	频次	核心词	频次	核心词	频次	核心词	频次
new	6835	China	9986	emergency	2192	copyright	1821
technology	4979	Asia	6229	income	2082	rights	1644
market	4923	ZTE	5484	international	1545	reserved	1492
trade	3420	Huawei	4674	public	1487	ipd	1342
political	2933	USA	3829	national	1315	ban	1305
security	2315	Trump	2238	share	1093	stock	1088
economy	2299	Telecom	2052	value	912	pct	1076
change	1618	Europe	1823	withdraw	763	agreement	437
sovereignty	1402	west	529	Covid-19	232	plan	368

一、语境建构

在语境建构上,欧洲媒体突出的是情势之新(new, 6835次)。一是欧洲自身面临的新发展阶段。过去十年,在欧债危机、恐怖主义威胁、中东难民涌入、英国"脱欧"和民粹主义高涨的持续影响下,欧洲社会内部的利益分化和冲突不断加剧,欧盟一体化进程蒙受巨大阴影,人文主义的精神理念饱受冲击,系统性困境更加凸显,欧洲再次走到了需要战略抉择的十字路口,对技术革命引发的欧洲新民主空间和"数字主权"(sovereignty, 1402次)问题有了更深的思考。二是美国对欧战略收缩引发的外部环境的新变化。冷战结束后,随着美国全球战略重心的东移,其对欧洲的政策协调重视程度不断弱化。特别是特朗普政府上台后强势推行单边主义,与欧洲长期奉行的多边价值立场背道而驰,双方在全球治理观念上产生了严重分歧,并在美国单方面宣布退出《巴黎协定》《伊核协议》和《中导条约》等事件上激化,让盟友间的信任感大打折扣,直接引起了欧洲对美国话语的警惕与反思。三是新兴经济体的崛起带来了国际力量对比格局的新变动。特别是2018年起爆发在中美间的新兴大国与守成大国竞争升级,使欧洲看到了后发国家在经济实力、科技水平和全球事务参与能力方面的显著增强,对西方影响力下降和现行国际秩序脆弱易碎的悲观预期,加剧了其在国际事务中被边缘化的忧虑,"中美两极论"成为报道中被经常嵌入的隐性框架,及时进行自身发展政策调整(change, 1618次)的呼声不断高涨,见示例4.12。

示例4.12:"国际格局正经历着前所未有的震荡。这既是一次人类社会的全面转型,也是一次地缘政治和国家战略的重新组合。毫无疑问,西方霸权正在终结,中国、俄罗斯和印度等新兴国家不仅会成为经济强国,也会成为政治强国。它们在重构全球秩序上的政治想象力远比我们更为强大和丰富。"(法新社,2019-08-27)

二、角色塑造

在角色塑造上,相较于安全化的高度对抗框架,欧洲媒体更倾向将欧盟及英国(Europe,1823次)、以中国为代表的亚洲(China,9986次;Asia,6229次)、以美国为代表的北美洲(USA,3829次;Trump,2238次)作为影响中国高科技企业未来走向相对均衡的三方势力。

对中国的角色塑造围绕"经济合作者"与"技术竞争者"展开。欧洲媒体既充分肯定中国作为第一大贸易伙伴的地位和贡献,也特别看重双边市场开放的对等性和竞争的公平性,对不合规行为经常提出严厉指责,见示例4.13。同时,以中性的关系视角将中国塑造为5G开发的主要对手,多以电信设备"制造商"或"提供者"的业务属性对中兴进行描述,经常在同篇报道中提到瑞典爱立信(421次)、芬兰诺基亚(240次)或荷兰恩智浦(89次)等同类型本土企业,以对比手法暗示使用欧洲企业的风险更小。

> 示例4.13:"中国的崛起更多来自勤勉工作、敢于创新和技术能力,不能仅因它在经济上的巨大成功就视其为威胁。我们可就此展开建设性讨论,但简单地排除某国本身就是错

误的。"(路透社,2020-01-15)

对美国则存在着既是共同价值观的"合作伙伴"又是"挑战者"、既要深化联结又要摆脱依赖的矛盾心态。尽管在具体事项上存在分歧,但美国仍是欧洲国家最重要的西方合作伙伴(west,529次),是能对区域持续提供安全产品的唯一超级大国。故即便对特朗普政府的安全化行径不满,欧洲媒体仍会优先考虑其话语中的合理成分并在一定程度上做出同向解读,见示例4.14。

示例4.14:"尽管美国仍属于西方阵营,与我们有着坚定的同盟关系,但它却并不推崇和我们一样的人道主义,在气候问题、社会平等和均衡发展等问题上不像我们那样敏感。它将自由置于一切事务之上,这是美国文明的强烈特性,较好解释了彼此间的差异。"(法新社,2019-08-27)

在对以上两方关系的评估基础上,欧洲将自身定位为中美之争的"旁观者"与"平衡者",在保持西方国家身份特征的同时,尽量与美国的"脱钩"政策保持距离,寻求在与中美关系的动态调整中改善自身战略环境、弱化任何一方可能带来的负面影响,并希望超越对两国的技术依赖,从数字经济领域的规则服从者逐步成为规则制定者,见示例4.15。

示例4.15:"全球权力斗争的中心是美国和中国,一个旧的超级大国和一个新的超级大国。这就是为什么默克尔希望形成统一的欧洲立场,在任何情况下,她都不希望跟随美国走上'脱钩'道路,试图孤立中国的政策不符合德国和欧洲的利益;但同时,欧盟也要表现出更大的自我主张,批评中国及其对世界强权的野心。"(《明镜周刊》,2020-06-24)

三、利益动员

在利益动员上,在判断未受到"中国威胁"实质性安全侵害的前提下,欧洲在对中国企业的选择上表现出了极强的价值观(value,912次)优先导向。价值观指的是人们喜欢某种事态而不喜欢其他的普遍倾向性,是进行价值衡量的一种准则。21世纪初期,欧洲人通过探索一体化进程中凝聚起来的理念规范,试图超越威斯特伐利亚体系带来的军事强权和大陆均势形象,以学者伊恩·曼纳斯(Ian Manners)[①]为代表提出了欧盟作为"规范性力量"(normative power)存在的新定位,这成为其制定内政外交政策的观念基础。它建立在对人类尊严、自由、民主、平等、法治和人权六个核心价值的认同基础之上,并以法律法规和政策文件的形式进行了确立,任何违反其精神的成员国都将受到相应惩罚。在全球事务参与中,欧盟将推行该套价值体系,推动世界和平安全和可持续发展,促进各国团结尊重、自由公平贸易、消除贫困和人的全面发展,以及严格遵守国际法作为四个具体职责和目标,在获得国际尊重和认可中发挥了关键作用[②]。在选择是否禁用中国信息通信技

[①] MANNERS I. Normative power Europe: a contradiction in terms? [J]. JCMS, 2002, 40(2): 235-258.

[②] European Union. Aims and values[EB/OL]. [2021-05-01]. https://european-union.europa.eu/principles-countries-history/principles-and-values/aims-and-values_en.

术的决策动员过程中,研究发现当欧洲认为并未受到"中国威胁"或"美国威胁"的实质性安全侵害而希望中立的前提下,价值观一致性往往成为推动其最终站队的决定因素。作为共同的西方国家成员,出于战略联盟的关系考量,欧洲首先倾向于判断在该时间段内与美国外交政策的价值吻合度,若不符合,则在中国符合其价值取向的条件下达成合作,倾向不禁用或支持使用中国设备;若符合,则进一步结合中国在该时段内的其他外交政策方向再衡量,但结果多是与美国保持战略同向,对中国设备持负面态度,倾向不禁用、部分禁用或完全禁用,如图4-5所示。

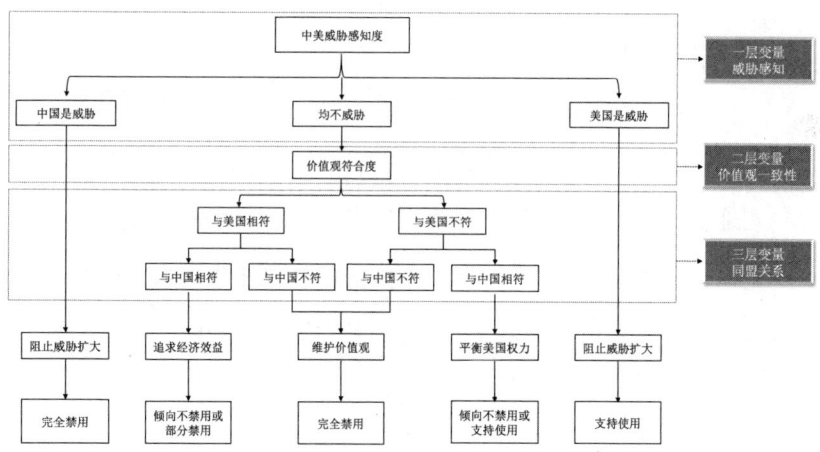

图 4-5 中转层的利益动员机制

随着中美行动的变化,欧洲对中国高科技企业的政策态度也出现了波动甚至是数次反复。这在英国案例上体现得最为典型。"科技战"初期,出于维护自由市场、多元价值和限制美国权力无序扩张的目的,英国在相当长时间内都允许中国企业有条件地参与本国5G建设,见示例4.16。2019年6月起,受香港"修例风波"(Hong Kong, 1314次)和全球新冠疫情(Covid-19, 232次)防控中价值分歧的影响,约翰逊政府面临的国内保守派压力日增,在2020年7月突然以国家安全保障为由宣布从年底起禁止采购华为5G设备,并要求运营商在2027年前将已采用的技术完全移除,见示例4.17。此外,2020年8月的法国、2020年10月的瑞典和意大利上都有相似体现。

> 示例4.16:"开放的欧洲市场有能力和足够空间欢迎中国竞争者的到来,这是我们一贯倡导的。面对不正当的竞争行为,正确的做法是建立有效的制约机制,推动中国企业按照自由市场规则行事,而不是像美国一样采取垄断的做法。"(路透社,2019-05-24)

> 示例4.17:"我愿意支持香港人民,我很乐意为他们发声,并在每一步都支持他们……中国公司和其他公司一样受欢迎,但你不能指望英国会做出伤害其关键国家安全基础设施的任何事情,而且不能指望我做出任何伤害我们出色情报部门共享信息能力的决定。"(路透社,2019-07-03)

四、方案建议

在方案建议上,媒体的报道内容也受到了利益动员的波动影响,在不同国家和政策时段内呈现出差异化特征。但整体来看,除个别极端情况外,欧洲在更大的时间范围内延续了一贯的价值主张,反对将技术议题唯政治论。但考虑到平衡中美关系和自身科技发展的实际需求,在被动卷入的情况下,欧洲更加注重寻找能够验证中美话语真实性的解决方案,希望能为本国的政策制定提供具有说服力的事实支撑。

一方面,在没有充足证据的情况下,认为中国企业拥有合理发展和反对污名的权利(rights,1644次),建议对禁用中国5G设备一事持保留态度(reserved,1492次),仅作为国家安全的优先事项进行考量,见示例4.18。在介绍美国的打压观点时,常以"尽管没有直接证据显示"作为句子结束语,同时引用中国方面的反驳说法,尽量平衡呈现涉事双方的不同意见。

示例4.18:"对中国企业的打压背后是更隐蔽的竞争利益和市场利益陷阱,如果照此行事,受到最大损害的必然是意大利的市场和经济。我们必须从此事开始了解数字文化背景下的政治和民主建设路径,同时深化对美国鼓吹舆论和道德法庭的批判性反思,二者缺一不可。"(《晚邮报》,2018-12-17)

另一方面,引入技术鉴定方案,注重从版权(copyright,1821次)、集成产品开发能力(ipd,1342次)、专利合作协定数量(pct,1076次)、股市表现(stock,1088次)等角度对中国企业在欧洲市场的表现进行客观解读,增强对设立专业性监督管理委员会、技术安全测试结果等方面的新闻发布,推动以多边框架和双边谈判来缓和分歧,见示例4.19。

示例4.19:"特朗普所有模棱两可的表达都围绕一个中心词展开:中国,即使他没有任何证据能证明中兴和华为两家科技巨头会对欧洲的人权、隐私和安全造成威胁。围桌商讨才是引导5G作为一项先进技术良性发展的最佳途径。"(《世界报》,2019-12-07)

第三节　话语扩散层：南方国家的利益协调机制

在中东地区媒体方面，共计算得到3906个分词单词总数，其中有3406个词频低于10的单词被过滤，不纳入最终计算范围。在由其余单词构成的语义网络中，探测出了以"华为"（Huawei，21%）、"中国"（China，17%）、"禁令"（ban，5%）、"政府"（government，4%）、"设备"（equipment，4%）和"贸易"（trade，4%）为核心关键词的占最大权重的共现聚类群。在东南亚地区媒体方面，共得到4691个分词单词总数，其中有4191个词频低于10的单词被过滤。在由其余单词构成的语义网络中，探测出了以"中国"（China，20%）、"华为"（Huawei，13%）、"美国"（US，8%）、"特朗普"（Trump，5%）、"中兴"（ZTE，4%）及"贸易"（trade，4%）为核心关键词的占最大权重的共现聚类群。相较于美国和欧洲，中东和东南亚地区的媒体报道在文本容量、形成的集群规模、语义网络密度上都较为有限。规模前30位集群中的核心词简化网络关系如图4-6所示，形成的主要话语结构见表4-6和4-7。

第三章 "科技战"中涉华高科技企业的全球话语博弈

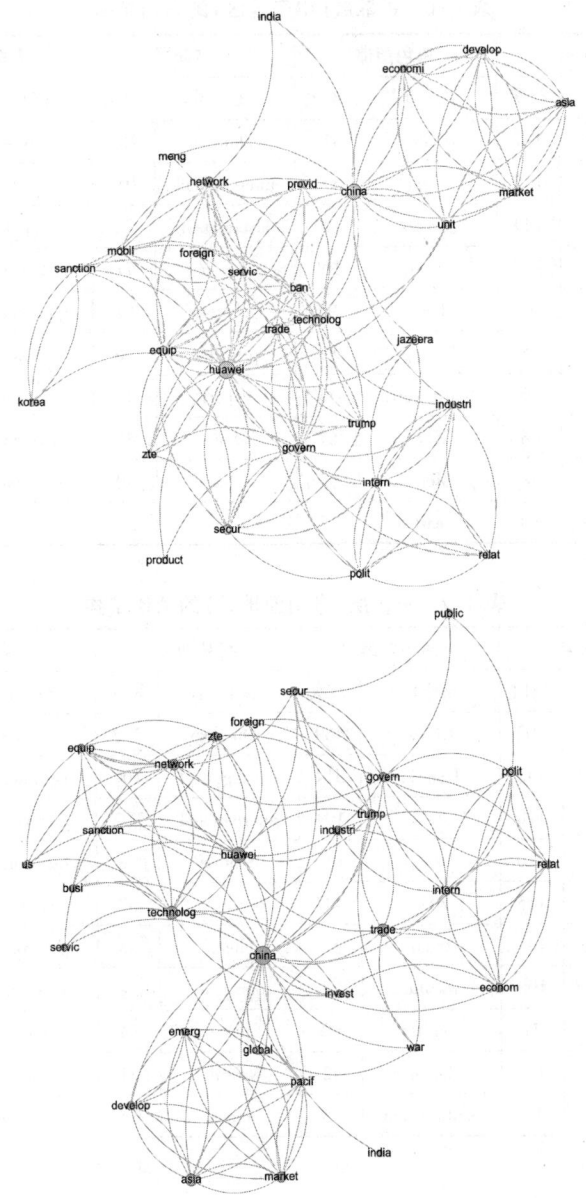

图 4-6 扩散层(上为中东,下为东南亚)的高频集群网络图
注释:本文以提取词干的方式得到每个话语层级中的高频关键词,并据此生成集群网络图。因提取词干而导致单词显示不完整,或不符合传统拼写规范,特此说明。

表4-6 扩散层(中东地区)的话语结构

语境建构		角色塑造		利益动员		方案建议	
核心词	频次	核心词	频次	核心词	频次	核心词	频次
government	177	Huawei	417	technology	184	network	135
trade	135	China	337	international	104	equipment	120
security	129	Jazeera	127	development	72	mobile	80
transition	117	Asia	106	region	71	service	67
political	92	USA	97	relation	61	product	64
ban	78	Trump	89	provider	56	east	50
economy	75	North Korea	74	export	43	investment	48
digital	68	ZTE	67	balance	42	cooperation	41
pressure	48	Meng	55	risk	40	consumer	38
vision	39	east	43	interests	31	electronics	37

表4-7 扩散层(东南亚地区)的话语结构

语境建构		角色塑造		利益动员		方案建议	
核心词	频次	核心词	频次	核心词	频次	核心词	频次
trade	202	China	469	technology	222	network	123
market	142	Huawei	314	development	106	equipment	90
political	110	Asia	194	international	102	service	73
government	110	Trump	135	relation	78	investment	70
industry	105	ZTE	107	war	58	wireless	52
economy	104	India	58	cheap	38	electronics	49
security	100	Pacific	53	domestic	34	consumer	45
business	71	east	50	price	34	product	45
emerging	67	Japan	42	growth	31	multimedia	39
5G	58	South Korea	35	import	34	South Sea	28

一、语境建构

在语境建构上,中东和东南亚地区的媒体都着重将区域发展方式转型(transition，117次)的迫切需求作为宏观叙事背景。中东方面，经济实力雄厚的海湾合作委员会(GCC)成员国，如沙特阿拉伯、阿联酋、卡塔尔、巴林、科威特和阿曼，出于对油价持续低迷和传统能源行业未来预期不确定的压力(pressure，48次)考虑，将经济多样化作为国家当前发展的优先事项，在全球范围内率先大规模部署了5G商用网络，以数字技术(digital，68次)为主要手段，推动产业结构从单一的油气资源依赖型向综合的知识服务型转变，同时融入智慧城市和科技中心的多维度打造计划中。这一系列方案以政府发布的"愿景"(vision，39次)文件为统领，典型的有阿联酋"2021愿景"、沙特"2030愿景"和卡塔尔"2030国家愿景"等，见示例4.20。

示例4.20："当分析师对世界经济环境中日益增长的不确定性感到焦虑时，迪拜却因领导人的卓越洞察和决心见证着创新、变革和可持续转型的发生。我们对未来的愿景充满乐观，在务实政策的指引下，阿联酋正通过先进技术的开发紧跟未来趋势，站在了全球数字化转型的最前端。"(《海湾新闻报》，2019-12-11)

东南亚方面，作为世界第五大经济体和第三大人口区的东盟，不仅具有通过加强信息基础设施建设引领中低端制造业(industry，105次)升级的主观意愿，还有着庞大的用户规模(market，142次)、较好的经济基础(economy，104次)、活跃的外部投资与贸易(trade，202次)等客观优势，是成长性良好的数字潜力市场。其中，菲律宾是区域内首个依托中国企业技术开通5G商用网络和推出首款5G智能手机的国家,泰国、新加坡、马来西亚和文莱已经制定了国家级发展战略,印度尼西亚、越南和柬埔寨等正通过技术实验测试推动设备落地,见示例4.21。基于此,权衡中美"科技战"对本区域经济发展带来的机遇和挑战就成了两地区的关注重点。

示例4.21:"利用5G进行产业数字转型是泰国及全球所有企业高管、政府官员的想法。这是一段漫长的旅程,不仅要用新的数字技术,还涉及新的流程、工作方式、组织结构、竞争力和文化元素。就平均发展水平而言,中国已经走在前列,而泰国只是该领域焦急的起步者。"(《民族报》,2020-11-04)

二、角色塑造

在角色塑造上,两地区都不约而同地淡化了"科技战"中的国别身份、政治身份和意识形态身份间的对立,以"技术使用者"和"技术提供者"的市场供求关系对不同涉事主体进行划分。

在自我定位上,尽管都有着强烈的数字发展意愿和积极的国家行动支持,但相较于欧洲的竞争卷入程度,两地区的整体科技实力和创新能力有限,且缺乏在5G领域进行技术引领和规则制定的政治意愿,在全球数字领域中的话语权和议价能力都很低,因此更倾向于呈现自身的参与者与追随者身份,作为技术大国设备的需求方、购买方、使用方与受益方,以建立稳定的经济合作关系为主要诉求,见示例4.22。

示例4.22:"即使拥有当今最优秀的人才和技术,引发未来创新最重要的因素仍是保持开放与合作的信息通信生态系统,而不论特定企业的国籍如何……对双赢信念的追求帮助中东成为全球数字复苏和可持续发展的参照,即使在全球新冠疫情结束之后,这种精神也毫无疑问地会被延续。"(《新闻报》,2020-12-26)

在外部主体定位上,因美国缺乏强竞争力的5G本土供应商,与两地区的技术合作纽带较弱,所以两地区媒体对美国(Trump,224次;USA,97次)的直接着墨非常有限,常将其作为中国高科技企业全球化进程受阻的背景信息出现,多围绕数字战略合作伙伴中国(China,806次)以及作为具体执行方的华为(Huawei,731次)、中兴(ZTE,174次)等企业的技术服务和社会贡献举措展开,见示例4.23。其中,"孟晚舟事件"(Meng,55次)的发展进程作为热点议题引发了两地区媒体的多次报道,媒体着重探讨了背后反映的美国霸权对国家间正常商业往来的负面影响,担忧中美"脱钩"后可能引发的双边技术合作中断。

示例4.23:"由于菲律宾在全球产业链中的位置较低,即使中美在贸易战和科技战中冲突不断升级,也不会影响菲律宾的正常发展环境,菲律宾甚至可能成为数量不多的受益国,借此促进对本国产业链优化和贸易交往对象的重新思考。(《马尼拉时报》,2020-05-25)

三、利益动员

在利益动员上,中东和东南亚国家政府普遍将成本效益核算作为是否使用中国企业5G设备的优先评价标准,体现出了极强的实用主义风格和政策务实特征。成本效益是运用经济评估思维来分析社会公共事业项目价值的一种方法,寻求以最小的投资成本、最低的风险概率来获得最大的收益回报(interests,31次),进而做出最佳的政策方案选择,如图4-7所示。这种决策模式首先表现在了两地区对经济成本的计算上。科尔尼咨询公司2019年发布的报告显示,到2025年,5G的发展将为东盟国家的电信运营商分别在消费者业务领域和政企业务领域增加6%~9%、18%~22%的营收,并使率先部署该项技术的泰国、印度尼西亚、菲律宾和马来西亚成为地区产业结构升级的领导者和最大受益国。相较于爱立信、诺基亚和三星等其他同类型的欧洲和亚洲公司,中国信息通信企业具有建设成本低(cheap,38次;price,34次)、设备质量高、运营工期短、服务质量好等难以比拟的优

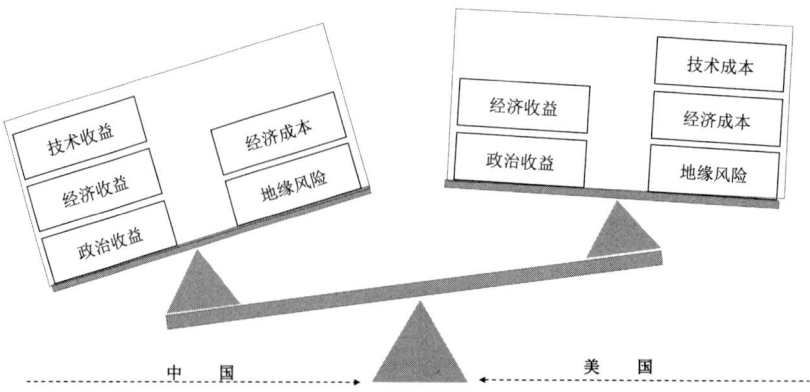

图4-7 扩散层的利益动员机制

势。除此之外,中国企业在两地区布局较早,在市场占有率、品牌资产、消费者口碑上已经形成了先发优势,短期内难以被替代。因此贸然禁用不仅将导致国家转型升级的正常进度受扰,还会因大规模撤换已有设备导致不必要的额外支出,不符合以发展(development,178次;growth,31次)为首要导向的当前规划路径。

其次,这种模式还表现在两地区对广义的政治风险成本的管理上。中东和东南亚地区的中小型国家居多,长期以来是大国地缘博弈的焦点地区,在自身力量有限的情况下,多将平衡外交(balance,42次)作为控制大国介入的手段,以在保障外部安全环境的同时,尽可能多地建立良好关系(relation,139次),争取不同类型资源的支持。沙特阿拉伯、阿联酋、泰国、菲律宾等在与中国进行密切经济交往的同时,也曾长期与美国维持着地区安全伙伴的合作关系,在"科技战"议题上容易形成中美的二元影响结构或双重领导格局,既担心中美间冲突导致的全球供应链被破坏,殃及自身转型步伐,也警惕被迫选边站后带来的一方经济或安全资源供应被切断,见示例4.24。但考虑到对5G全球竞争格局形塑的影响有限,相较欧洲而言,两地区未成为美国安全化施压的主要目标,因此选边站的外部压力和内部动力都尚处于可控范围内,能够在一定程度上超越绝对化的政治对立逻辑,在把握数字时代发展特性和经济收益性价比的基础上做出相对独立的判断,见示例4.25。可以看到,媒介文本不再唯美国论,亚洲区域内(Asia,300次;region,71次)诸多国家在此次制裁事件中的独立态度得到了更多呈现,朝鲜(North Korea,74次)、印度(India,58次)、日本(Japan,42次)和韩国(South Korea,35次)的国内(domestic,34次)政策议程都成为高频报道对象。

示例4.24:"虽然两巨头正一决高下,但许多较小的经济体却被迫选边站,中美'脱钩'的附带危害正在蔓延……不仅是高额成本和技术发展延迟问题,可能更糟的是,一国系统与另一个国的不兼容减少了跨境信息和知识的顺畅流动,加速了全球商业体系的崩溃。中国和美国应该表现得像自信的大国,而不是像古希腊悲剧中缺乏安全感的玩家。"(半岛电视台,2020-08-04)

示例4.25:"如果将美国、欧盟和中国的GDP数据与疫情前进行比较,可以看到美欧停滞不前,而中国则趋于扩张。中国已经获得了硬实力,掌握软实力只是时间的问题……世界力量的变动加剧了中美在东南亚的竞争,中国需要一个更有分量的朋友来支持其在南海问题上的立场,这个朋友必须是印度尼西亚。只有这样,印度尼西亚才可能借用中国的丰厚投资和技术转让来增强自身工业实力。"(《雅加达邮报》,2021-01-18)

四、方案建议

在方案建议上,两地区对中国的态度整体上以正面支持为主,鼓励深化双边合作(cooperation,41次),从消费者(consumer,83次)的实际需求出发,继续使用中国企业提供的网络(network,258次)、电信设备(equipment,210次;electronics,86次)、智能手机及其他数字产品(product,109次;mobile,80次)、投资及其他经济服务(service,

140次；investment，118次）。这种信赖感植根于更为深厚的时代背景中。自2010年底起，在地区战争和社会运动的席卷下，阿拉伯世界持续遭受震荡，亟须恢复稳定的政治和民生秩序，对西方单边主义、保护主义政策的失望使其逐步转向对其他国家治理经验的关注，近年来"向东看"（east，50次）的趋势更加明显，发展对华关系的政治意愿更加强烈。而以东盟为代表的东南亚地区与中国地缘相近、人缘相亲、文缘相通，中国连续15年保持东盟第一大贸易伙伴的地位，东盟连续4年成为中国第一大贸易伙伴，是引领东亚经济一体化、促进区域发展的共同力量①。同为发展中国家和新兴经济体，面对百年未有之大变局，推行多边主义、维护自身正当权益的诉求仍在两地区占据主流，因此对美国的安全话语就在该舆论层中被不断弱化，见示例4.26和4.27。此外需要特别注意的是，领土争端问题对东南亚国家是否择用中国企业和技术的影响十分明显。最典型的是，每当南海问题爆发时，越南、菲律宾、马来西亚和文莱等国媒体关于中国5G的报道，都会在极短时间内将惯常的基于经贸框架的正向或中立表述，上升为政治和军事安全议题，并与所谓"中国地缘威胁论"紧密交织，急遽转变为整体性的负面立场。

示例4.26："中国与沙特阿拉伯及其他海合会国家关系友好，大多数海合会国家都已将与中国的接触升级为了'战略伙伴关系'，在包括政治和安全领域的各个方面展开密切合作……中国支持实用主义、尊重国际规范，用稳定发展策

---

① 国务院新闻办公室. 中国-东盟经贸合作成果丰硕. [EB/OL]. (2024-09-11)[2024-10-01]. http://www.scio.gov.cn/live/2024/34708/fbyd/202409/t20240912_862679.html.

略取代了革命热情。通过这种转变,中国已经能够在海湾地区树立稳固的影响力。"(《新闻报》,2020-12-30)

示例4.27:"2019年世界充斥着杂音和相互矛盾的信号,这导致许多投资者低估了以中国和东盟为代表的新兴市场的增长潜力。尽管一些不确定性在短期内会持续存在,但我们认为共同坚持到底至关重要。东盟刚刚意识到技术颠覆的巨大能量和企业技术转型带来的机遇,与中国合作的前景非常广阔。"(《民族报》,2019-12-26)

第四节 断层的全球话语分布格局

自冷战结束以来,美国作为唯一的超级大国,凭借强大的政治、经济、军事和文化优势,在全球范围内拥有众多同盟和追随者。它们与美国有着相通的价值观念体系或紧密的现实利益关联,在外交层面也形成了趋同的对华政策,因而在涉华事项的话语立场上往往与美国高度契合、步调一致,易于以美国所设议程为核心,形成对华舆论合围,造成中国伸张合理诉求的音量被弱化甚至消失,全球舆论场的观点极化特征被不断放大,这也是过去中国在国际传播过程中面临的主要结构性压力和现实困境。但在此次首轮"科技战"中,美国的传统盟友及地区安全伙伴却对特朗普政府打压中国高科技企业和禁用5G技术的主导议程做出了不同程度的反应,在事实认证、事项定义、属性界定、程序正当性判断及价值认同度上存在明显争议,并直接体现在了本国主流媒体的新闻报道和随后的实际政策制定中,具有"言语-行为"间的高度契合性，对美式话语及其能量的迷思需要被重新审视。观察到这一现象后，为明晰中国高科技企业所处的真实国际舆论环境特征，以进行针对性的原因分析和对策建议，本章按照一国政策话语的生成、流动、扩散从核心到表层的过程，在全球设置了美国、欧洲、中东和东南亚地区三个媒介话语检验圈层，建立了包含 12 个国家、14 家媒体、3662 篇报道和 291 万英文词数在内的语料库，以话语分析为基础方法，从语境建构、角色塑造、利益动员和方案建议四个政治修辞角度，深入分析了各类型国家对"科技战"危机下的中国高科技企业媒介形象塑造的目标、过程和结果，见表 4-8。

表 4-8　三层舆论场对中国高科技企业的典型话语建构模式

话语层级	话语目的	塑造标准	实践路径			
			语境	角色	动员	方案
核心层	霸权维护	政治安全	威胁强化	他者形象	联盟动员	安全打压
中转层	秩序平衡	价值关系	规则重构	关系平衡	价值判断	摇摆不定
扩散层	经济发展	成本收益	转型需求	技术中立	收支核算	正向支持

第一层是美国，它是中国高科技企业国际负面形象塑造的议程发起者、框架制定者和关键推动者，采用的是政治安全视角，将"威胁强化—他者形象—联盟动员—安全打压"作为实现话语目标的主要路径。为了建立针对中国高科技企业的排他性话语联盟、保证美国在全球技术领域的绝对领导地位，特朗普政府采用了单一的、连贯的、持续升级的安全化框架，将以 5G 为代表的中国新一代信息通信技术作为"中国威胁论"在科学技术领域的当代衍生和内涵扩展，提出使用该项技术会对美国全方位的国家安全、西方国家共享的情报安全和自由主

义价值观安全、亚太安全合作伙伴的地缘安全造成严重破坏,以此动员这三个主体加入美国对华打压阵营中,号召组建"自由世界"与所谓"共产主义世界"和"威权国家联盟"展开集体性的极限对抗和坚决施压。这种以激化冲突为主要目的的话语实践方案,将意识形态分野作为区别敌我的唯一方式,具有很强的冷战思维和零和博弈色彩,通过偷换概念、模糊身份、单一信源和片段截取等方式,淡化企业作为经济行为体的独立身份,强调企业的来源国形象,将企业正常的国际化发展行为与国家政治行动强行建立关联,在涉及中国的内政事务、领土安全等核心议题上反复发酵,歪曲中国企业是中国政府拓展国际影响力的手段和工具,从而顺利将经济和技术议题扩大化,便于挑起各相关国对中国的整体不满情绪,对中国企业的产品和服务展开连带性责任归因,做出抵制或禁用选择。

第二层是欧洲五国,包括德国、英国、法国、意大利和西班牙,作为西方国家的核心成员和近乎垄断性的传播资源掌握者,它们曾在众多议题上扮演美国议程在全球进一步扩散的中转场角色,对亚非拉地区仍具有很强的舆论引导力。在此次"科技战"中,该舆论层秉持的是价值关系视角,表现出了"规则重构—关系平衡—价值判断—摇摆不定"的话语实践过程,在不同分项上对美国的安全化议程选择性进行同构化或差异化解读,并没有出现一边倒的舆论支持情况。这说明了欧洲内部对美国行为的正当性、中国技术的安全性以及中美竞争的未来预期仍存在较大的争议空间,在事件发展初期仍未形成稳定共识,会随着具体的触发事件而进行政策突变,是三个舆论层中最难全面把握的,也为预判中国高科技企业在欧洲的发展形势带来了挑战。整体来看,在未明确感知到美国渲染的集体性威胁时,欧洲媒体以价值观契合程度作为报道的优先考虑事项,在事件爆发初期,出于对自由贸易、开放边界和多元主义价值观原则的维护,倾向以中立态度和专业视角观察中美争议的经济和技术焦点,反对美国对中国高科技企业的无理打压。但出于西方集体话语的惯习,它们仍会慎重讨论使用中国技术带来的潜在安全威胁,这在德国和西班牙案例上体现得较为集中。但随着安全化议程的扩大升级,美国开始将中兴、华为等企业的发展与涉港问题、台湾问题、新疆问题和西藏问题等中国内政事务强行绑定,并作出污名化解读。在此情况下,欧洲出于对西方集体价值观和现行国际秩序主导地位的维护,便立即改变报道立场,对美国话语进行同向解读,并根据对事态严重程度的判断做出部分禁用或完全禁用中国5G技术的政策决定,这在英国、法国和意大利案例上表现得较为明显。

第三层是中国高科技企业5G技术部署的其他南方国家市场,以中东地区的沙特阿拉伯、阿联酋和卡塔尔,及东南亚地区的泰国、菲律宾和印度尼西亚六个国家为代表。在此次"科技战"中,该舆论层秉持的是成本效益视角,表现出了"转型需求—技术中立—收支核算—正向支持"的话语实践过程,与美国的安全化框架呈现出了明显的差异解读甚至是反向解读。相较于欧洲,两个地区在自身的技术竞争实力和与美国的合作关系紧密度上都较低,其对中国技术的择用态度短期内无法对全球供应链和国际权力体系产生颠覆性影响,因此未成为美国的主要话语施压目标,被迫选边站的内外压力都处于可控范围之内。故在政策的制定过程中可以在一定程度上淡化政治冲突和意识形态竞争的影响,在较为宽松的环境中依据本国的转型发展实际需求进行独立研判,以技术购买者、使用者和受益者的中立身份，理性评估使用或禁用中国高科技企业设备带来的经济上、地缘政治上的风险管理成本和收益。特别是，同为新兴经济体和发展中国家，近年来海合会成员"向东看"的政治合作意图不断增强，中国与东盟也升级成为全面战略伙伴关系，两地区对中国发展模式和在国际事务中发挥的建设性影响认同度不断提升，因此对中国企业的信任度也整体较高，在特朗普政府的对华打压中也以正面支持中国为主，呼吁大国和平共处、共同维护地区的发展秩序，以免自身受到不必要的连带利益损害。

第四章
危机情境下中国高科技企业国际形象的生成机制

第四章通过媒介话语分析，基于外部视角，较为清晰地揭示了中国高科技企业在国际舆论场中的形象现状和他塑的话语路径。在此基础上，本章回归到"美国制裁中兴事件"及其引发的企业形象危机这一具体案例中，从当事人的内部视角深入解析当事方对该起形象危机事件爆发的原因、影响和应对举措的认知。由此内外呼应，建立起政治经济大国博弈，特别是极端危机舆论情境下影响中国高科技企业国际形象生成的完整逻辑链条、因果机制和作用路径，为进一步的理论体系建构提供事实依据。

第一节　案例资料收集

本章将"美国制裁中兴事件"及其导致的企业国际形象危机，按照时间线索划分为三个阶段，如图5-1所示。

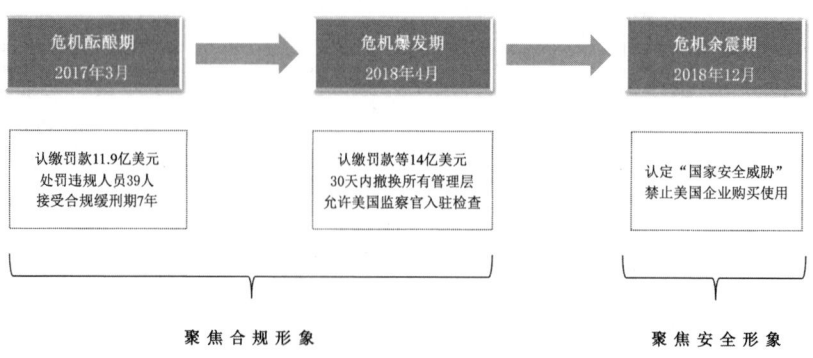

图5-1　中兴企业形象危机事件的发展节点

一、初期：危机潜伏

早在 2016 年 3 月,美国商务部就以违反对伊朗和朝鲜的出口管制为由,将中兴及三家关联公司列入了实体清单,并采取限制出口措施,禁止美国企业对其出售包括芯片在内的元器件产品。2017 年 3 月,美国司法部、财政部与商务部共同决定对中兴处以 11.9 亿美元的罚款,同时给予 7 年的合规缓刑期,表示若企业在此时间范围内不再出现任何违规行为,将在监察到期后撤销对其的禁令。随后,中兴公开承认了违反美国出口管制禁令这一事实,同意缴纳罚款,并开除 4 名高级管理人员、处罚 35 名相关员工以与美方达成和解。此时,该起事件并未引起国内外的足够重视和舆论场大规模反应,媒体仅将其作为个别企业的合规管理问题进行报道关注。

二、中期：危机爆发

2018 年 4 月 16 日,美国商务部以中兴对涉及历史出口管制违规行为的某些员工未及时扣减奖金和发出惩戒信、存在虚假陈述和妨碍司法公正为由激活出口权拒绝令,宣布对中兴实施为期 7 年的技术禁售令,其间禁止美国企业以直接或间接形式向中兴供应任何零部件、商品和软件。时任中兴董事长殷一民在内部信中称,"我们身处复杂的国际形势,机遇与挑战同在",表明企业此时对美国制裁行为背后的政治意图已经有了一定感知。在两国政府的协调下,6 月 7 日美国商务部宣布已与中兴达成新的和解协议,称在满足缴纳 14 亿美元罚款及保证金、在 30 天内完全撤换董事会和管理层并允许由美国法院任命的监察官入驻检查等条件后,将暂时性地解除部分出口禁令。这也是美国商务部有史以来对非金融机构施加的最高罚款。7月14日,中兴在履行完和解要求规定后正式宣布解禁,在微博上发布"满怀信心再出发"的文案,并配以"出发""何惧""重燃""感恩"四张图片,总部也挂出了"解禁了！痛定思痛！再踏征程！"的标语。88天的业务停摆让中兴处于实际上的运转"休克"状态,据相关统计,此次禁运风波将造成企业超过100亿元的损失①。

三、末期：危机余震

2018年12月,华为公司首席财务官孟晚舟在加拿大转机时,声明在没有违反当地法律的情况下被无故拘押,美国对中国高科技企业发动的整体性"科技战"进入高潮。即使已经暂时结束了个体性危机,但作为与华为同类型的中国信息通信行业领军者、全球5G设备的主要提供者,中兴被连带卷入了新一轮的全球安全化舆论风波中,相较于半年前爆发的合规问题,其面临着更深层次、更广范围、更大应对难度的国际形象危机。2020年6月30日,美国联邦通信委员会(FCC)称在压倒性证据的支持下,正式认定中兴和华为两家企业对本国发展构成"国家安全威胁",并在同年11月驳回了中兴请求重新认定其为威胁的申诉。这一行政命令的出台意味着美国企业将无法使用该委员会设立的83亿美元"普及服务基金"来购买、获得、维护或修改任何来自两家企业的设备和服务②。2022年3月22日,美国法院做出最终判

---

① 叶展旗.中兴生死劫[EB/OL].财新.(2018-07-30)[2021-05-22].https://weekly.caixin.com/2018-07-28/101309390.html.

② U.S. Federal Communications Commission. FCC designates Huawei and ZTE as national security threats[R]. Washington DC, 2020-06-30.

决,裁定由美国司法部实施的中兴缓刑期于原定时间届满,不附加任何处罚,其委派的监察官任期也同时结束。以此为标志,中兴面临的合规制裁风波暂告一段落,但随着中美间科技竞争不断升级的整体背景和信息通信行业发展的长周期特征,在美国安全化话语主导框架下,中兴的形象恢复仍有很长的路要走。

中兴案例的发端时间早、演化时间长、要素构成复杂,作为特朗普政府打压的首家中国高科技企业,在短期内完成了第三章所述的中国企业在集体性层面上从第三阶段聚焦合规形象到第四阶段聚焦安全形象,再到第五阶段聚焦企业声誉的发展转变过程,浓缩了中国企业国际化发展历时性维度上的痛点与难点。企业作为该事件中一方重要的能动主体,解析其面对危机时的战略判断和方法抉择,还原形象危机爆发原因的作用机制及其导致的结果,能够对其他中国企业形成经验借鉴,从而在未来的国际化发展过程中作出更为合理的形象风险规避和传播路径设计。为完整回答这一问题,就必须回归到事件亲历者的经验视角上。为保证对同一经验性单位的研究效度,本章采用三角互证法,通过至少三种信息的来源渠道或方式对资料的真实性进行相互检验。

第一种是访谈法。2020年至2024年间,作者对制裁事件发生后的17位中高层主管进行访谈,围绕"企业形象定位与认知""企业形象危机形成原因和应对举措""未来企业形象建设思路"三大类目形成近18个小时、27万字的文本素材。同时,还对参与分析和帮助应对此次危机的相关专家学者共38人进行了5场焦点小组访谈,形成近17个小时、25万字的记录文本素材。访谈在主持人的安排下以半结构式和开放式的交流形式展开,每次围绕一个固定主题,涉及了"媒介形象塑造""危机形象修复""全球治理实践""企业传播策略""企业形象与国家形象间的互动关系"五方面话题。受访者职业身份包括政府管理机构工作人员,专业媒体从业者,新闻传播学、公共管理学和信息通信产业学者,公关公司、金融机构负责人,自媒体意见领袖等。出于行业保密性考虑,本书对采访对象均进行了匿名化处理。

第二种是参与式观察法。观察共持续两个月,深入企业内部的传播主管部门,对企业文化、组织架构、治理结构、经营机制、传播要素等流程信息进行记录。同时,在北京某负责企业管理的部委新闻中心品牌传播处进行观察,以从宏观层面把握当代中国企业国际形象和传播工作的顶层设计思路、整体发展现状、工作开展难点和机遇、典型案例与既有经验等,通过横向和纵向对比,不仅帮助理清中兴所处的发展阶段及相较于其他企业的优势和不足,还能更好地总结出中国高科技企业未来形象塑造的共通路径,使本研究具有更强的代表性和可推广价值。

第三种是公开资料收集法。此方法可以在最大程度上避免访谈法和参与式观察法可能带来的研究者主观倾向和判断影响。资料的来源,一方面包括企业自主对外公布的信息,包括官方网站资料,企业内部博物馆和文化墙陈列内容,官方微信公众号和视频号、微博账号、抖音账号等社交媒体平台,公开宣传片,高管演说,年季度报告和社会责任报告,内部刊物《中兴通讯技术(简讯)》,以及其他相关文件披露等;另一方面是外界公开发布的企业信息,主要包括行业组织报告、新闻媒体报道、商业案例研究和书籍等。

第二节 扎根分析过程

本章借鉴巴尼·格拉索(Barney Glaser)和安索·斯特劳斯(Anselm Strauss)提出的扎根理论对收集到的原始访谈资料进行内容挖掘[①]。该分析思路将实证研究、文本分析、理论建构视作有机互动和相互增进的过程,通过对受访者个体经验的不断提炼、比较和辨析,抽象出其中指涉的关键概念、范畴与关系,在此基础上形成能够充分阐释中国高科技企业国际形象危机生成的机制模型。这种质化方法能够使研究者真正进入被限定的问题和形式理论范围中,意味着能够产生抽象的概念,并使概念间的关系具体化,从而帮助解释实质问题,一般包括理论抽样、概念形成、过程阐释、情境解读、将过程纳入分析、整合类属和饱和检验七个步骤。其中理论抽样也即编码是最为关键的一环,是超越数据的具体陈述、进行分析性解释的第一步,具体可分为开放性编码、轴向编码和选择性编码三个阶段[②]。本章使用 NVivo 软件,对由访谈法、参与式观察法和公开资料收集法获取的资料进行扎根分析和备忘录管理,从信度层面保证研究的可检验性与可重复性。由于该分析路径注重的是对概念间的关系挖掘和探索,故无须进行内在效度检验。

一、第一步:开放性编码

在这一阶段中,研究者尽量让个人观点悬置,对原始资料中的全

---

① GLASER B, STRAUSS A. The discovery of grounded theory[M]. New York: Routledge, 1999: 1-18.
② 陈向明. 扎根理论的思路和方法[J]. 教育研究与实验, 1999(4): 58-63, 73.

部词语、句子、段落和事件进行结构拆解、属性描述和抽象化标识,将素材打散后再重新排列组合,以开放态度对待数据可能指向的所有分析方向,主要目的是发现概念并提炼范畴,指导寻找进一步的理论建构路径。在此要求下,本章首先将原始资料拆分成独立的情节、故事或理念,从中寻找能与危机下的中国高科技企业国际形象生成机制相关的词句,对其进行"贴标签"注释和概念化命名,由此得到一个自由"概念节点"。然后,将具备相似特征或指涉同一现象的节点聚拢为一类,通过比较、剔除与合并同类节点,组成一个理论维度更高、所含信息更多的集合性范畴,称为"初级范畴"。经整理,本步骤最终得到222个概念节点和56个初级范畴,编码过程示例见表5-1。

表5-1 开放性编码过程示例

访谈文本	概念节点	初级范畴
"中兴有点像理工男,戴个眼镜,做事专注,但不爱说话,遇到熟人说一说,跟自己圈子外的人接触少。这种情况下想把技术创新力转化为商业结果,就存在一定限制。我们也意识到了这个问题,正在想办法改变。"	工程师文化	企业文化
"中兴是民族企业的一面旗帜,是深圳特区精神的一部分,在我们灰头土脸的时候这句话支撑我走到现在。"	特区精神	
"树立领导者的个人IP非常重要,整个企业至少得有一两个代表,这样才能在舆论场上更显眼、能突出。"	领导人	管理者形象
"通信行业是To B精英模式,比较封闭,全球就几百个客户,每国就几个运营商,和To C企业大众化的形象策略完全不同。"	行业属性	企业属性
"大企业的形象问题更具挑战性,一有风吹草动就很多人找来,要你交代清楚,在舆论场和资本市场都是大IP。大个子一举一动天然受关注。"	规模体量	

续表

访谈文本	概念节点	初级范畴
"对于高科技企业特别是通信行业而言,运营商购买时首先还是看你的技术竞争力,而不像其他行业的采购关系,有时侧重的是其他方面。"	核心技术	技术能力
"我们的目标首先是创新,它是公司生存发展的根源。公司历史上取得的所有成绩和口碑都是创新带来的,未来形象的好坏也取决于创新水平。"	创新能力	
"通信产品不像卖手机,固定几个型号,对方下订单,我交货就行。我们架设的每张网都不同,要根据每个区域、角落的情况进行具体设计,所以产品和服务必须强强结合。"	服务的影响	服务能力
"价格是另外一个特别重要的因素,我们的优质技术必须匹配合理的价格,才能有更多客户选择,商务能力才强,亚太市场就很看重这一点。"	价格的影响	商务能力
"以前讲 PEST 宏观环境分析,基本上都不用看第一个 P,现在却发现它最重要。尤其是通信行业正处在这种漩涡中,不能只想着在商言商了。"	政治的影响	政治能力

二、第二步:轴向编码

相较于第一步而言,此时的编码已具有更强的指向性和选择性。因此,第二步轴向编码的目的是通过对初级概念间的持续比较、归类和组织,寻找能够将初级范畴与更高一级"副范畴"进行有效衔接的框架,使得副范畴的属性更加丰富、组成的维度更加具体,从而让文本分析的连贯性和同步性得到增强。在 56 个初级范畴的基础上,本书结合文献综述部分中得出的企业形象核心要素构成和生成机制的一般性理论,根据概念所指的一致性进一步整理出了 15 个副范畴,用来针对性解释中国高科技企业国际形象危机产生的关键影响因素。初级范畴和范畴的构成情况见表 5-4。

表 5-4 初级范畴和副范畴列表

初级范畴	副范畴
企业愿景,企业使命,企业文化,管理者形象,企业属性	企业身份模糊
技术能力,服务能力,商务能力,政治能力,行业影响力,合规能力	企业综合实力短板
政治制度差异,经济制度差异,法律法规差异,文化差异,市场标准差异	制度距离差距
在地化信息获得,社会责任承担,高层交往水平,媒体合作深度,广告投放量	在地嵌入水平
中国企业,美国企业,欧洲企业	国家形象关联
技术先进度要求,政策透明度要求,安全化要求,合规要求,信任度要求,多元化供应商要求	外来者劣势
高新技术的战略敏感度,中国企业竞争力的整体性提升,美国的产业霸权地位,全球产业链调整重构	国际经济局势变动
中美竞争白热化,政治化打压,地缘博弈	国际政治局势变动
中国企业的整体形象不佳	来源国晕轮
战略优先级低,支撑体系缺失,方式方法陈旧	企业传播能力滞后
国际舆论环境分布,国内舆论环境分布,新媒体技术语境	全球信息失衡
华为,爱立信,诺基亚,谷歌,苹果	同行对比效应
美国对中兴的制裁事件,美国对华为的制裁事件	偶发性极端事件激化
股价波动事件	常规性负面印象叠积
经营业绩受损,资本市场受损,雇主声誉受损,社会声誉受损	形象污名化

三、第三步:选择性编码

该步骤指的是围绕一个核心类属将其他类属联系起来,并加以提炼和整理出相应的理论构念的过程,本质上是处理范畴与范畴间的关系。茱丽叶·科尔宾(Juliet Corbin)和安索·斯特劳斯(Anselm Strauss)建立了一套梳理范畴间理论联结的"条件—行动—结果"轴线,可以帮助快速识别和回答质性研究中提出的关键问题[①]。其中,条

---

① CORBIN J, STRAUSS A. Basics of qualitative research: techniques and procedures or developing grounded theory[M]. California: Sage Publications Inc, 1998: 128.

件指的是形成被研究现象结构的环境或情境,行动是研究目标对相关主题、事件的常规性或策略性反应,结果是系列行动导致的后果。基于研究对象所处的情境、对相关事件的常规性或策略性反应以及系列行动导致的后果,本章建立起中国高科技企业基于对何种现实客观条件的考量,采取了何种主动型形象建构策略或被动型危机应对方案,并由此导致了何种形象后果这一完整的机制框架。通过对副范畴的逻辑整合,最终形成"外来者劣势形成机制""来源国晕轮形成机制"和"媒介化变形机制"三个主范畴,见表5-5。

表 5-5 主副概念范畴列表

主范畴	副范畴		
	条件轴线	行动轴线	结果轴线
外来者劣势形成机制	企业身份模糊,企业综合实力短板	制度距离差距,在地嵌入水平	外来者劣势
来源国晕轮形成机制	国家形象关联	国际经济局势变动,国际政治局势变动	来源国晕轮
媒介化变形机制	企业传播能力滞后,全球信息失衡,同行对比效应	偶发性极端事件激化,常规性负面印象叠积	形象污名化

四、第四步:饱和度检验

扎根理论认为,直到编码人员发现对概念厘清和范畴确定而言,从访谈中收集的资料开始重复,不再有新的、重要的信息能够对需要建构理论的属性、维度和形式进行持续补充,或对既有的概念化结果形成否定,则可以认为理论已经达到饱和,不再需要进行访谈信息或抽样补充。作者在完成对17份深度访谈资料和5份焦点访谈资料的编码后,又增加了对两名企业内部人员的线上访谈,发现概念框架已无法得到延展,故认为本研究通过了饱和度检验,停止了整个扎根分析流程。

通过对中兴案例的扎根研究,本文发现跨国企业在东道国普遍面临的外来者劣势形成机制,极端经济政治对抗环境下的来源国晕轮形成机制,以及媒介化环境对企业真实存在的媒介化变形机制,是导致当前中国高科技企业国际形象危机爆发的主要影响因素。基于对三者间的关系探索和逻辑关联,本文建构起了以下理论模型,如图 5-2 所示。

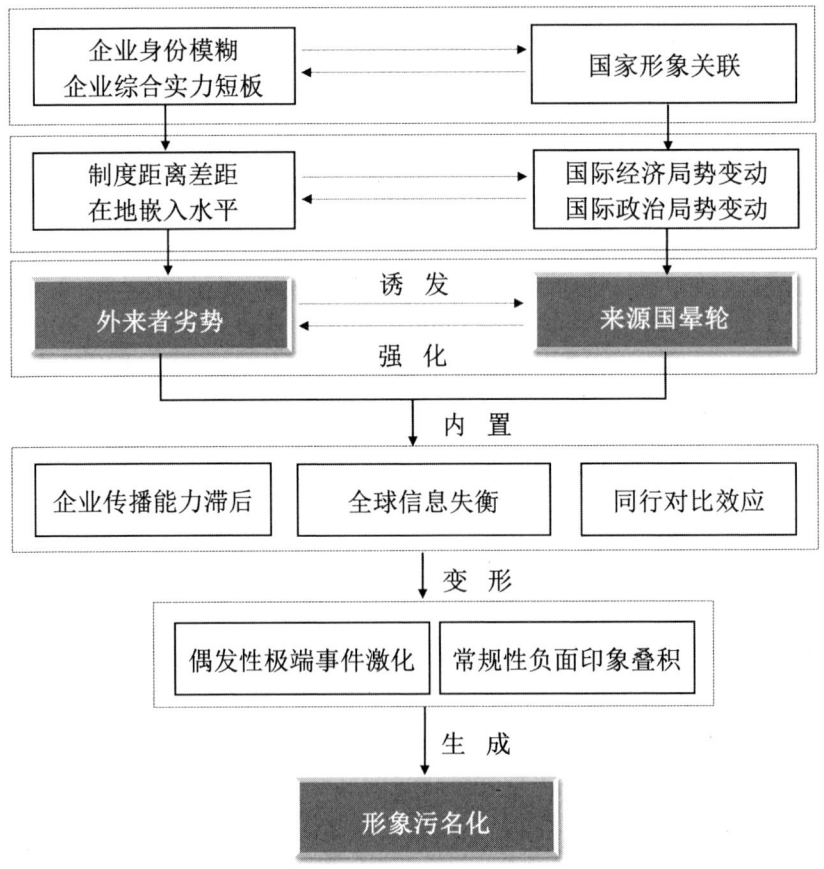

图 5-2 中国高科技企业国际形象危机生成机制

第三节 理论模型分析

一、外来者劣势形成机制

外来者劣势(liability of foreignness)是国际商务领域研究的经典基本假设之一,指的是跨国企业在异国市场开展生产经营活动时,相较于东道国的本土企业而言,必须面对和承担额外的经营风险与危害,既包括显性的经济学支出,也包括隐性的制度和社会障碍,使其在与本土企业竞争时会在某些方面无可避免地处于劣势地位。相较于拥有成熟经验的发达国家,新兴经济体作为国际化经营的后发者,起步晚、经验少,劣势往往更加凸显。根据扎根分析的结果显示,以中兴为代表的中国高科技企业的外来者劣势生成遵循"企业身份模糊,企业综合实力短板→制度距离差距,在地嵌入水平"的条件和行动结果。

(一) 企业身份模糊

首先是企业身份模糊造成的影响,在编码中它具体显示为企业愿景、企业使命、企业文化、管理者形象、企业属性五个初级范畴。在顶层设计上,中兴从创始人侯为贵起形成了低调务实的"工程师型"管理风格,有着"让沟通与信任无处不在"的企业愿景,"网络连接世界,创新引领未来"的企业使命,"互相尊重,忠于中兴事业;精诚服务,凝聚顾客身上;拼搏创新,集成中兴名牌;科学管理,提高企业效益"的企业文化,"成就客户,价值为本,造就不凡,大道至简"的企业精神。尽管该套设计立场明确、表述清晰,从技术和创新的中性视角出发,兼顾了对员工、顾客和社会等利益相关者的关注，但由于没有进行有效的外部转化，危机发生前国际社会对其组织身份定性存在着较大的盲点和误读，加深了对其业务与身份合法性的怀疑。这一方面来自对中兴所有权和经营背景的怀疑。由于在设立之初和股权划分中与国有资产存在关联，且作为头部企业受益于国家采购基金和银行补贴政策等方面支持，中兴被一些东道国视为国有企业，认为其受母国议程影响较多，可能在经济活动中夹带其他非经济动机，意在攫取当地的安全情报或施加地缘影响，对其他企业构成不正当竞争压力，见示例5.1。模糊性的另一方面则与企业属性相关。受信息通信行业的属性特征影响，中兴长期以向全球电信运营商和政企客户提供技术与产品解决方案为主，以与有限客户群体和产业链上下游供应商的沟通为主，与大众消费者的实际接触有限，这在一定程度上导致了社会层面对其的认知较少，缺乏正向民意的培养和传播土壤，见示例5.2。

> 示例5.1："我们还是有一些国有股份，但现在占比已经很低了，公司决策也都是董事会和管理层自主决定，是股份制企业，要为股东负责、为社会负责，同时为国家贡献自己的力量……但可能因为名字里带有'中'，很多人说我们是国企，连带指责我们有各种各样的问题，要加强对公司的合规检查和安全审查。"
>
> 示例5.2："实际上，通信行业内部对中兴的认知还是比较清楚的，一路打拼过来，各项行业标准都是很明确的，不是自己说行就行，评判逻辑是完全透明的。我们的痛苦在于行业之外，专业性的业务范畴不是每个人都能接触到，所以如

何让社会大众理解和接受我们,有着很大的障碍需要去跨越。"

(二)企业综合实力短板

其次是企业综合实力短板造成的连带影响,编码中包括技术能力、服务能力、商务能力、政治能力、行业影响力、合规能力六个初级范畴。根据官网信息和访谈的交叉印证,危机爆发前后,中兴的经营范围覆盖160多个国家和地区,服务全球1/4以上的人口,2021年国际市场营收占集团整体的近1/3,是200多个国际标准化组织、产业联盟和科学协会的成员,这些数据都说明了其在基础性的技术提供能力、服务能力、商务能力与行业影响力上已经得到了普遍认可。因此,负面形象在该范畴下主要源自其余能力因素的影响,主要体现在以下几方面。

一是对技术安全能力的怀疑。

在美国安全化话语建构的影响下,不少东道国对中兴是否存在数据"后门"保持警惕,这在欧盟国家的择用决策评估中体现得最为明显,也是华为、字节跳动和腾讯等中国高科技企业当下面临的集体性困境,见示例5.3。目前中兴在官网设置了"信任中心-网络安全"专页对该问题进行定点回应,对供应链、研发和工程服务全流程环节进行展示,并鼓励客户、监管机构和其他相关方进行独立安全评估和审计。

示例5.3:"现在想要恢复形象,核心就在于技术形象的建设,但这在国内和国外的两个舆论场中侧重点还不一样。国外是说我们没有技术安全的形象,国内是说我们没有核心技术竞争力的形象。如果这个问题能解决,形象也就八九不离十了。"

二是对合规能力的不信任。

这是2018年制裁事件带来的直接后果,成为当前中兴能力提升的着力点,主要在出口管制、反贿赂、数据保护与合规稽查四方面进行补足,扭转"不守规矩的"破坏者印象,见示例5.4。

> 示例5.4:"我们也希望将公司打造成全球一流的合规企业,借这次的危机去做这件事。并不是说因为美国事件我们才要做合规,而是因为美国事件倒逼我们去用更快速度做更好的合规工作,逻辑应该是这样的。这也是为什么说我们现在对合规的理解可能要比全中国任何一家企业都要深刻。"

三是对政治能力的担忧。

作为首个遭受美国集中打压的中国企业,中兴在前无经验借鉴的情况下做出生疏应对,未能及时认清此举背后隐藏的政治经济意图,以迅速接受美国和解条件换取业务的正常推进,由此在国内舆论场中招致大规模批评之声,使其长期保持的民族企业和爱国形象大打折扣。

(三)制度距离和在地嵌入

企业身份模糊与企业能力欠缺的主体性问题,在制度距离大和本地嵌入水平低的双重外部影响下被突出放大甚至是扭曲,最后导致外来者劣势的形成。制度距离是指跨国企业的母国与东道国在政治制度、经济制度、法律规范、文化习俗和市场标准等方面存在的天然差异。制度距离越大,意味着企业面临的经营环境越复杂,触发政治风险的可能性也越大,该效应在发展中国家和发达国家间的互动过程中表现得格外明显。在具体实践中,这种不同使企业缺乏对陌生东道国环境的了解,因此企业需要承担起更多的信息搜集、知识获取和分析工作。同时,出于保护本国产业等考虑,东道国政府可能对外国企业施加政策性歧视,人为抬高准入和检查标准、严控审批流程和进出口限制,消费者也可能受到民族中心主义的影响而自发排斥购买外国企业产品。这些都加剧了企业与当地不同利益相关者建立并维系信任的沟通成本投入,须通过更为持久的本地化策略进行关系嵌入,积极开展高层交往、社会责任投入、媒体合作和广告投放等业务。但通过查阅中兴近年来发布的可持续发展报告和新闻报道,与全球市场共融的举措仍主要发生在业务流程和环节中,涉及绿色环保、冲突矿产等议题,但对于更广泛维度上的公共关系建立仍非常有限,见示例5.5。

> 示例5.5:"我们承认在走出去的过程中确实出现过问题,对当地法规研究得不够透彻,这是我们自己的问题,现在也在努力修正,出台了各种合规管理规则。这也是在国际化过程中自我学习和完善的过程。"

二、来源国晕轮形成机制

扎根分析的结果显示,中国高科技企业的来源国晕轮形成遵循"国家形象关联→国际经济局势变动,国际政治局势变动"的条件和行动结果。

(一)国家形象关联

对来源国晕轮及其可能造成的来源国劣势(liability of origin)的解析,首先来自企业形象和来源国形象的关系之辨。一方面,国家的整体形象对企业形象具有晕轮效应,当消费者缺乏对某企业产品或服务的客观把握时,往往会借助对其所在国的一般性认知和情感,形成对该企业的态度评价,指导做出购买选择。另一方面,全球市场的形成和分工的普及,让越来越多来自新兴经济体的企业能够参与到国际市场开拓中,其产品和服务直接触达国外用户,逐步成为人们感知企业形象、进而认知国家形象的重要窗口,使企业成为全球化社会中一国形象最活跃和最普遍的代言人。尽管跨国生产组织管理的杂糅、全球品牌的流行以及世贸组织对产地标签弱化的规定,使企业形象与来源国已在众多商业领域失去了直接关联,但在事关国家战略发展的关键产业和产品上,考虑到单边主义、保护主义近年来的强势抬头,来源国晕轮效应可能比以往任何时刻都更加凸显。中兴诞生并成长于中国改革开放进程中,其国别属性作为客观存在无法被抹去。伴随着中国的和平崛起,特别是2012年以来西方国家对中国的唱衰和攻击声不绝于耳,加之特朗普政府在"贸易战""科技战"上的集中发力,中国在由西方主控的国际舆论场中整体形象不佳。这种来源国形象的负面劣势外溢到企业身上,就使中兴、华为等身处战略敏感行业的跨国企业被同时打上了"威胁""邪恶"的刻板标签,在美国政治议题扩大化和上升化的话语操纵手段下,企业的经济属性被刻意淡化,强调与政府和政党关联的意识形态属性被不断加强,见示例5.6。

示例5.6:"在讨论中国企业的海外品牌时,'中国'是一个需要综合判断的因素。过去中国对于外国市场来说是一个积极信号,今天不能因为美国人说我们是消极信号,我们就要接受这套说辞。我们是一家中国公司,这是改变不了的事实,这就是我们的出身。来自中国的企业为什么就要平白无故地遭受指责呢?希望大家还是按照商业规则办事,我们愿意去透明、去开放、去坦诚沟通,但这件事的关键不在于我们,要看受众,对方就是不听,我们怎么说也没用。"

(二)国际经济局势变动

国际经济局势变动是诱发美国将中国高科技企业形象与来源国形象强烈绑定的原因之一。在编码中它包括了高新技术的战略敏感度、中国企业竞争力的整体性提升、美国的产业霸权地位、全球产业链调整重构四个初级范畴。5G技术因具有高速率、低时延和大连接的特征,能够运用于物联网和工业控制,有望成为第四次工业革命的主导点,促成各国的数字化转型。据全球移动设备供应商协会(GSA)统计,截至2021年底,全球78个国家和地区的200家运营商推出了符合第三代合作伙伴计划标准的5G服务,重大的战略地位和广阔的市场空间,使该项技术成为科技大国间的战略竞争焦点。同时,5G核心网权限的扩大,访问控制、数据路由等敏感功能的出现,也让其具备了容易被政治安全化的特性。中国企业在该领域整体实力的上升,开始打破美国对核心技术的绝对控制地位,有造成全球产业链分化重组的可能,从而引发世界利益格局的变动与激荡。出于维护现行国际经济秩序的需要,美国就必须对中国的关键行业和其中的领导企业进行防范。据中兴2021年年度报告显示,公司共拥有专利申请量8万件,已授权专利超过4万件,位列全球专利布局第一阵营,累计提交国际国内标准化提案、研究论文逾10万篇。作为全球范围内5G技术研究和标准制定无可争议的主要参与者、贡献者,中兴也因此成为美国打击链条上的关键一环,并由表层的合规制裁快速深入核心层的安全制裁。其真实意图仍是以此为牵引,达成阻碍中国高科技发展的目标,见示例5.7。

示例5.7:"不管我们做什么方案,美国都会站出来说必须用它的标准,这种情况在曾经的铁路、网络技术发展商都是如此。所以为什么打击我们?其实就是个别国家一直想在全球通信这件事上控制整个产业标准政策的制定,这样它就能控制大部分应用场景了。虽然这种做法目前还没有成功,但给整个行业带来的压力是非常大的。"

(三)国际政治局势变动

在国际经济局势变动的背后,隐藏的是美国对国际政治局势随之变动的深切担忧,这也是美国对中国高科技企业进行来源国污名化的最本质原因。在编码中它包括了中美竞争白热化、政治化打压、地缘博弈三个初级范畴。访谈资料也揭示了中兴内部对合规制裁的认识从道德层面、法律层面深入到经济竞争层面再到政治竞争层面的递进转变。特朗普政府出于争取全球安全盟友和国内选举支持的需要,不仅将中国作为地缘政治的主要竞争者,还视其为政治治理体制和意识形态的对抗者,企图将中国高科技企业塑造为与政府和政党合谋推行所谓"威权体制"和拓展政治影响的有效手段。而这已经完全超出了单个企业能够独立应对和解决的范畴,故此成为一个极为显性却又难以找到有效破局方法的负面形象归因,也是中国高科技企业当下面临的集体症结之所在,见示例5.8。当前,中兴将技术创新性、透明合规性和社会责任贡献度作为形象重构的主要组成部分,尝试尽量淡化不可控的政治风险对企业正常经营造成的外部威胁,但在美国结束与中国对抗、寻找到共处之道前,可以预见的收效将会甚微。

  示例5.8:"美国政客在这个问题上很多时候是不讲逻辑的,但是企业是讲逻辑的,不讲逻辑怎么盈利、如何发展呢?我们是很难在这种不确定性中进行应对的。毕竟完全从技术角度看,大家都是有风险的,没有百分之百安全的东西;但如果要把技术安全跟政治挂钩,那就没有讨论空间了。但前景还是乐观的,就像弹簧一样,压久之后一定会有反弹,全球产业链分工合作的大门是不会关上的。"

三、媒介化变形机制

扎根分析的结果显示,中国高科技企业形象危机的媒介化变形遵循"企业传播能力滞后,全球信息失衡,同行对比效应→偶发性极端事件激化,常规性负面印象叠积→形象污名化"的条件和行动结果。该步骤是外来者劣势和来源国晕轮负面效应最终得以大范围呈现与转化的关键,有可能使形象危机最终外溢到实质性的经营管理层面,造成公司业绩、资本市场表现、雇主声誉和社会声誉的严重受损。

(一)企业传播能力滞后

在该层机制中,首先发挥决定性影响的是企业自身的传播能力因素,在编码中它包括了战略优先级低、支撑体系缺失、方式方法陈旧三个初级范畴。意指形象危机爆发前,在技术型企业定位和工程师文化氛围的整体影响下,企业传播及企业形象塑造作为新兴概念,未能引起决策层的足够重视,没有被纳入战略决策的机制流程中,仅作为补充性的业务支撑部门进行体系建设和人力物力资源投入,由此导致了团队的决策影响力和专业化水平不足。在以美国制裁为代表的政治经济极端事件中,公司在舆情危机预警、研判和处理上存在诸多疏漏,在新闻发布会、高管讲话、新闻采访中多次直白使用"进入休克状态""主要经营活动已无法进行"等呼号式措辞,引发了国内舆论场的激烈消极反应。关于其缺乏核心技术和迅速向美国妥协的指责不绝于耳,一定程度上加重了既有危机的严峻程度和扩散范围。在面对日常公关危机的处理上,也存在着应急机制启动缓慢、部门联动协调有限、策略选择保守或失当、多被动澄清而少主动建构等问题,影响了危机事件后形象的修复速度,见示例5.9。

示例5.9:"在行业里,相对来讲我们的形象还是恢复得比较好;但坦白讲在消费者和社会舆论方面,我们基本上还处于防御阶段。有时不管说什么都是错,简直就是招黑体,说自己好会被人骂,说自己差更会被人骂。在没想清楚办法之前,还不如继续低调,先把技术口碑做得更好。"

(二)全球信息失衡

其次发挥影响的是企业所处舆论环境的整体特征,表现为全球信息失衡,在编码中包括了国际舆论环境分布、国内舆论环境分布、新媒体技术语境三个初级范畴。其中,特朗普政府在社交媒体上实时播报制裁与和解进度,将中兴放置在了国际舆论场的聚光灯之下,无形中加大了企业处理危机时的外部舆论压力与难度挑战。与制裁方影响力的巨大差距,以及缺乏发声代表,导致中兴依靠公司权威信息发布的单方面声音很快被淹没,难以寻找到支持其表达的有效、理性的正向声量,甚至出现了很强的非理性化甚至是民粹主义的极化倾向言论。随着互联网成为各国话语交锋的主要物理场所,多国领导人、外交官、新闻媒体、专家学者和民众也纷纷加入,以发布、评论、转发和点赞等形式表达对中兴事件的看法,在打破时空屏障、增进及时交流的同时,也让假新闻、误导性信息和极化言论大量充斥在虚拟空间内。国际负面声量大幅倒灌、国际和国内舆论场交叠激化,这也是中国企业在"科技战"中面临的典型媒介环境特征,并对企业后续行动方案的选择产生了直接影响,见示例5.10。

示例5.10:"消费者对美国制裁中兴的看法基本就三种:第一种是你被美国罚款了,第二种是你被美国监管了,第三种是你没有核心竞争力、一打就倒。我们接收到的基本上都是这类声音,而且声量很大。但我们在品牌方面的正向声量肯定没有那么大,自媒体时代就很容易被压倒,大众形成思维定式后就很难再改变对我们的看法了。"

(三)同行对比效应

最后是同行对比效应对中兴负面形象的放大,在编码中它显示为受华为、爱立信、诺基亚、谷歌和苹果等公司的牵连影响。在第四章的媒介分析中也可以发现,尽管研究者将文本搜索的关键词设置与中兴相关,但同行业的华为出现频次更高,围绕其生成的关键词集群规模也更大。美国对华为的打击集中爆发于2018年12月的"孟晚舟事件",此时距离中兴制裁风波的告一段落不足半年,同为中国信息通信行业的领军者,且先后经历了相似的外部政治冲击,两家企业无可避免地被社会舆论放在同一维度进行比较。其中,华为凭借自身既有的强大公关传播体系,围绕任正非、孟晚舟等打造出了一批曝光率极高的标志性人物,通过立场鲜明的措辞、不畏强权的表态、有理有据的回应、充分及时的响应等,在国内舆论场中引起了积极反响,成为爱国主义和民族气节的代名词。这与中兴在危机中的传播处理方式形成了鲜明对比,也再度加重了社会层面对中兴的持续批评。此后,两家企业更是同步出现在各大媒体报道的版面中,成为特朗普政府打压中国 5G 技术的典型代表,因此二者的形象也是在碰撞与联合的过程中互相形塑的,见示例 5.11。

示例 5.11:"华为塑造了一个不畏强敌、越挫越勇的形象,那中兴应该怎么办?这更多是一种情绪的影响,两家企业面临的实际制裁情况、打击策略和时间先后都是有差别的,但消费者看不到这些。强者在前,中兴要探索自己的路其实很不容易。"

四、生成与归因

本章回归到了 2018 年"美国制裁中兴事件"及其后续引发的企业形象危机这一具体案例中,采用访谈法、参与式观察法和公开资料收集法进行信息汇总,并通过扎根理论展开具体分析,寻找造成形象危机爆发的关键要素,最终搭建起了"外来者劣势—来源国晕轮——媒介化变形"的三维生成机制模型,从国际政治经济环境的宏观角度和企业自身传播发展的微观角度,系统阐释危机下中国高科技企业国际形象的独特生成机制和作用路径。

在对生成机理分析的基础上,本章还尝试进一步对可行的实践性解决方案进行思路探索。依据归因理论,对三维模型中涉及的关键影响要素进行了再次分类,见表 5-6。在社会心理学上,归因理论被用来解释机构或群体如何在有限信息、信念支持和行为动机的综合影响下理解和把握事物原委,对造成某特定结果的原因维度进行感知和推断,从而做出相应的行为对策选择①,是根据原因要素构建作用机制的一种方法。在该框架下,原因常按照稳定性、内外向度和可控程度被进行分类。其中,稳定性是指造成该事件的成因在短期内是否容易发生变化,内外向度是指是由内因还是外因造成了当前结果,可控程度是指事情的未来走向可否依据当事主体的主观意愿进行改变。

表5-6 归因分类表

	稳定性		内外向度		可控程度	
	易变	不易变	内向	外向	可控	不可控
企业身份模糊	■		■		■	
企业综合实力短板	■		■		■	
制度距离差距		■		■		■
在地嵌入水平	■		■		■	
国家形象关联		■		■		■
国际经济局势变动	■			■		■
国际政治局势变动	■			■		■
企业传播能力滞后	■		■		■	
全球信息失衡		■		■		■
同行对比效应	■			■		■
偶发性极端事件激化	■			■		■
常规性负面印象叠积	■		■		■	

以此为标准,若以短期内恢复并提升企业在危机中业已生成的负面形象为目标,就应重点关注兼具易变、内向和可控特质的因素,包括企业身份、企业综合性实力、在地嵌入水平、企业传播能力、日常危机

---

① KELLEY H, MICHELA J. Attribution theory and research[J]. Annual Review of Psychology, 1980(31): 457-501.

应对能力，它们是企业通过自主行为设计便可进行优化的部分。同时，要对兼具不易变、外向和不可控特质的因素保持长期关注，并积极进行学习与分析，具体包括制度距离、国际经济局势、国际政治局势、舆论环境以及同行对比效应，它们是企业在国际化经营过程中可能会面临的重大制度性危害和结构性风险，需要调动社会的综合力量去进行优化。这也是本书在下一章中将重点讨论的内容。

第五章
建构中国企业国际传播的自主理论路径

第五章的扎根分析结果表明,企业传播能力要素兼具易变、内向和可控的特征,可以帮助危机中的企业在较短时间内改善负面认知、进行形象优化。同时考虑到企业的外来者劣势和来源国晕轮负面效应很大程度上由媒介环境形塑,因此本章选择以企业传播的具体环节为切入点,将其作为中国高科技企业国际形象建构的必由之路。

第一节　中国企业传播的研究转向

企业传播作为一项专门的业务实践概念,起源于20世纪美国市场营销和公共关系领域,最初基于管理性的功能主义视角,希望为组织内外部发生的各类传播活动提供有效的整合框架和指导范式,最终在影响企业发展的关键利益相关群体中建立并维护良好声誉。是否实施企业传播、其效果如何,已成为直接影响当代企业经营利益和社会效益获取程度的关键要素。

企业传播的理论诞生和学科体系更新,与社会发展变动下的企业实际需求调整密不可分。20世纪西方工业革命以来,在以大批量生产消费为特征的经济高速发展阶段,企业主要围绕产品销售进行广告促销等有限传播活动。1933年世界经济大危机爆发后,大规模战争冲突、激烈的竞争环境以及政府宏观调控政策的变动,促使企业的传播视域发生转向,围绕个体消费者的劝服与宣传策略效用逐渐降低,在多元群体内建立开放对称的信息环境、满足企业稳健发展的长期诉求日益强烈。在此背景下,与传播相关的企业身份、企业形象、企业品牌、企业声誉等研究也开始受到密切关注。

中国企业的传播探索伴随"走出去"整体进程而发展,特别在2001年加入世界贸易组织后明显提速,整体可分为三个阶段,如图6-1所示:首先是信息传播阶段,以实现企业的信息沟通为主要目标,多是单向进行宣传发布,被动回应各方诉求;其次是形象建构阶段,以企业形象塑造为主要目标,注重在与公众的双向互动中明晰内外价值,主动预控危机并设计传播;其三是声誉管理阶段,以企业的声誉跃升和维护为主要目标,强调以价值认同为核心吸引来凝聚各方信任。当前,日益走近全球舞台中心的中国企业,特别是大型领军企业正处于向声誉管理迈进的关键期,但在理论框架、分析工具和测量体系上,与国际成熟经验相比仍存在一定差距,由此导致了明显的软实力与硬实力不匹配、贡献度与美誉度不匹配的问题。重新定位中国企业的形象和传播问题,就要首先准确把握内外环境变动对企业提出的新诉求。

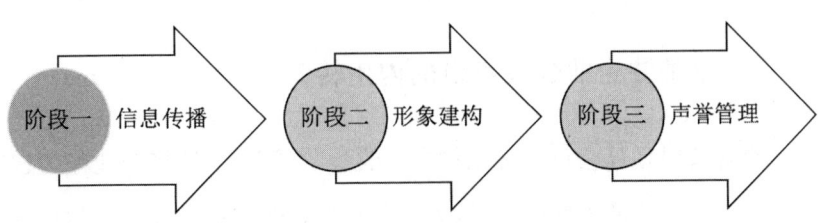

图6-1　中国企业传播发展进程

一、要关注中国企业全球身份的外部转向

中国始终坚持对外开放的基本政策,中国企业始终是经济全球化的坚定参与者和维护者。面对当前世界格局加速调整之势,单边主

义、保护主义时有抬头,全球贸易摩擦不断升级,中国企业的外部发展环境更趋复杂。全球著名公关公司爱德曼发布的2020年全球信任度调查报告显示,全球公众对中国企业的信任分化正在明显扩大:国内受访者对中国企业持有高达91分的正面评价,位列28个调研对象国之首;但与之形成鲜明对比的是,外国受访者对总部设在中国的企业的平均信任值仅有38分,在近70%的被调研国家中处于"不受信任状态",且这一分数较上一年还有下滑。其中日本给出仅8分的最低值,与中国内部评分相差达83分[1]。出现这种信任度内外不对等的原因,既与部分国家渲染"中国威胁论"并对中国企业进行政治污名化和标签化有关,也与中国企业在"走出去"的过程中尚未完全熟悉、适应和遵守国际规则有关,还存在不愿、不会、不敢在国际传播中积极表达自我的情况,这种行为导向直接影响了中国企业在全球范围内的形象建构。伴随着"一带一路"倡议的持续推进,如何在新兴的跨文化语境中广交朋友、广搭平台、广发声音,真切拥有好业绩、好行为和好声音,是中国企业不得不面临的重大课题。

二、要关注企业公民身份的内生转向

企业公民是社会责任理论在当代的最新延展,秉持将企业作为权利与义务统一体的人性假设,认为企业不仅是经济利益最大化的追求者,还应是社会公益的追随者和创造者,应在盈利能力、法律遵从、道德引领、慈善回馈等基本方面自我规范,并在政府、股东、雇员、供应链、所在社区和社会公众等关系群体中产生良好效应,实现经济人、社

---

[1] 爱德曼,清华大学国家形象传播研究中心.2020爱德曼信任度调查中国报告[R].北京,2020.

会人和道德人的三重融合。已有研究揭示,面对近年来全球信任失衡的普遍态势,"道德规范"要素(正直49%,可靠15%,使命12%)已经是"能力要素"(24%)的三倍之多,成为构成企业信任度的主要维度。约80%的中国受访者认为企业应在改善营商所在的社区条件、共享社会发展和职业机遇、引领未来变革等方面加大投入[1]。发源于西方资本主义制度下的传统企业公民理念以利益相关者为核心,是基于一定时期内经济发展特征提出来的策略性应对方案;社会主义制度下的企业公民更应秉持发展红利由全民共享的本质意义和意涵,寻求发挥中国特色经济制度和中国企业特色发展模式的优势,主动促成单一经济体身份的多元转型,在解决人民日益增长的美好生活需要和不平衡不充分的发展之间的矛盾上深入着力,向着惠及个体全面发展以及社群共同富裕的方向而不断完善。

第二节 企业传播能力的分析框架

面对内外部环境的深刻变动,企业传播已成为推动中国企业参与并引领新一轮全球发展的核心能力之一。2020年起多个"灰犀牛"与"黑天鹅"事件对经济全球化进程产生了重大影响,企业在跨国经营过程中面临的跨文化不信任感显著增强,仅仅依靠企业的技术、产品、资本等硬实力已远不能获得多样民族、多元文化、多种制度的国际市场的认同,能否获得国际信任成为当代企业特别是跨国大企业面临的重大挑战。缺乏企业传播能力、无法获得国际信任的企业无法深度参与

---

[1] Edelman. 2020 Edelman trust barometer global report[R]. Chicago, 2019.

到经济全球化进程中去,更无法成为具有引领性的世界级企业。

已有文献对企业传播能力提升的关注视角较为具体和多元,如在社会环境层面关注全球化趋势和新媒体技术革新带来的传播背景变化,在管理体系层面关注组织架构和主体资源整合带来的企业传播效率提升,在实践操作层面关注决策者风格和话语方式带来的传播效果优化等。这些视角丰富了企业传播能力的研究思路,也体现了企业传播能力提升的重要性。在此基础上,本章融合传播学和管理学的专业学科视角,并结合以上章节中的扎根分析结果,从战略能力、体系能力、技巧能力三个关键维度,提出以追求企业声誉为目标的、具有规律性和层次性的企业传播能力 3S(strategy -system-skill)分析框架,希望从简洁明晰的角度为企业传播能力的研究和实践提供有效分析工具,如图 6-2 所示。

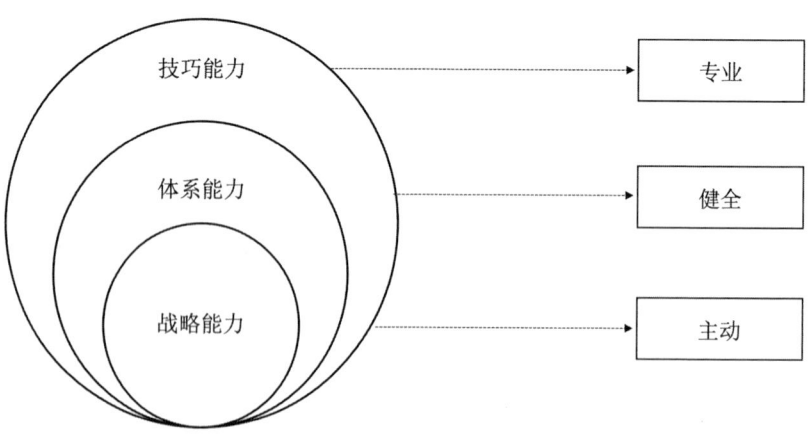

图 6-2 企业传播能力的 3S 分析框架

一、战略能力:企业传播的整体规划

战略(strategy),意即管理人员为协调组织内部与外界环境间的交互关系而实施的整体策略,具有宏观引领性、整合协同性以及长期稳定性等特征。对战略传播的研究,最初起源于美国国家安全事务领域,特别是在"9·11事件"后美国面向阿拉伯世界的公共外交政策调整中广受重视,以目标明确、影响说服、统一协调、落实行动为四个核心要素①。到目前为止,公开可查阅到的最早官方表述来自美国国防部2006年发布的《四年防务评估战略传播指南》,将其定义为"美国政府通过运用信息、主题、行动和项目,并联合其他国家性力量要素,理解和纳入关键目标受众,创造、增强和保存有利条件,以促进国家利益和目标的过程与努力"②。之后通过不同组织主体行动,战略传播逐步从政治领域扩展到企业管理、市场/社会营销、公共关系和技术沟通等多元维度。

企业战略传播倡导通过有目标、有计划、有步骤地建设并运用全方位、立体化、多维度的企业传播体系以推动企业发展。从战略传播的视角来观察企业传播的发展路径,可以较为清晰地看到企业传播的战略意义与目的导向,看到企业传播对企业发展的全局性意义。企业传播的战略能力体现在企业对传播行为的战略定位与整体规划上。换言之,将传播行为视为企业战略的有机组成,以企业整体战略来指

---

① PAUL C. Strategic communication: origins, concepts, and current debates [M]. Santa Barbara: Greenwood Publishing Group, 2011:1-4.
② Deputy scretary of defense. 2006 quadrennial defense review (QDR) strategic communication (SC) execution roadmap [R]. Washington DC, 2005.

导企业传播战略,以企业传播战略来支撑企业整体战略。

企业传播战略服从于企业整体战略的制定,是对其使命、愿景、文化的根本性反映,能通过自身的跨域功能对信息进行双向收集和编解码,对内保障企业正常运行,对外搭建起良性互动桥梁。企业传播战略的形成一般而言可分为四个有效步骤:第一,战略分析阶段,包括对企业所处的内外部环境分析、市场和竞争对手的分析以及利益相关者的分析;第二,战略意图阶段,包括明确基本诉求,更新、调整和确定最终的方案;第三,战略执行阶段,包括传播作用定位、方案策略制定以及组织人员安排;第四,追踪和评估阶段,包括传播效果的监测和调整两个有机组成部分。

企业传播战略的形成、执行与调整紧密围绕企业整体战略,遵循双向的、动态的调整机制,如图6-3所示。事实上,企业传播战略与企业整体战略的有机性充分体现了企业传播的战略能力。

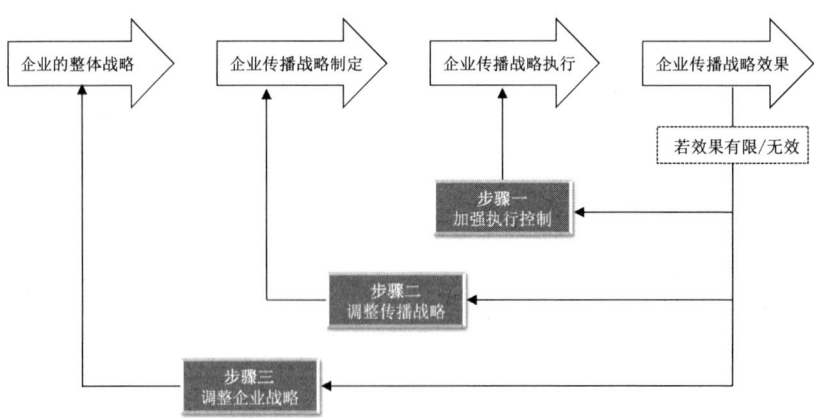

图6-3 企业传播战略动态调整机制

二、体系能力：企业传播的制度保障

体系(system)建设是传播战略顺利施行的保障，重点关注组织结构和工作机制两方面能力提升。在实际操作中，考虑到企业传播分涉不同垂直领域的工作内容整合，因此在体系建设上，既要加强专业化队伍打造，也要发挥协同视角下的各职能部门分工合作。

组织结构即企业内部成员间的业务关系，包括股东会、董事会在内的高层结构和中基层在内的执行层结构，用以明晰各机构的职能结构（关键工作范围）、权责结构（权责分工及相互关系）、层次结构（纵向层级划分）、部门结构（横向人员安排）及相关组合形式。作为非直接盈利的业务范畴，传播职能在不同类型企业中定位和作用不同，一般可根据投入人数、预算配比等定量数据，及其所属部门、负责领导人位阶的"中心–外围"等定性特征，来判断其处于战略地位还是支撑补充地位。

工作机制指的是工作执行的具体环节与流程，以及对涉及的各要素，如制度、规范、技术、机构、人员等进行规划、组织、调动和控制的动态过程。企业传播的工作机制主要包括信息发布机制、舆情监测机制、危机处理机制、信息资源共享机制，和针对参与主体的专业培训机制、不同部门间协同工作机制、对外合作机制等。其中，前者用于保障企业对各方信息的及时获取、研判和处置，是企业传播的内容基础；后者用于促进企业在多元利益中协调各方关系，是企业传播稳健运行的人事保障。

三、技巧能力：企业传播的策略选择

技巧(skill)是企业传播的具体策略与方法。相比于大众传播行为,企业传播所涉对象相对有限,目的性更强,可按照管理学中的SMART(S-specific, M-measurable, A-actionable, R-realistic, T-targeted)原则,以具体性、可测量性、可执行性、真实性、聚焦性为技巧能力的衡量标准,对传播者、传播内容、传播渠道、传播对象以及传播效果进行分别设计。面对当下媒介化社会和社会化媒介的时代,准确把握其导致的传播行为特征,才能助力企业有效选择传播策略,提升传播的技巧能力。

(一)个人化与技术化特征

广泛依托于自媒体、社交媒体的个人传播行为,以5G、算法、大数据和人工智能为核心媒介技术迭代,极大地改变了原有的信息生产流程和传播规律,滋生了舆论场新的参与主体、意见分布和互动特征。在这种情况下,企业更要以分众传播的思路进行受众细分,在渠道选择上重视移动化、碎片化、视觉化的用户媒介使用习惯,精准化主题设定、内容选取和叙事策略,凸显其吸引力、趣味性与人情味。值得注意的是,后真相时代中速度追求重于事实核查、情绪传播重于事实传播的基本环境特征,会加速并放大企业的负面信息酝酿与爆发。如何机制化预判并处理相关危机舆情、尽可能扭转不利形象为企业赋值,成为传播工作的重要课题。

(二)全球化特征

市场经济行为的普遍模式,内植于一国的社会文化整体环境。20

世纪 60 年代起,荷兰心理学家吉尔特·霍夫斯泰德(Geert Hofstede)在 72 个国家开展对跨国公司 IBM 的雇员调查,提出文化维度理论,通过权力距离、不确定性规避、个人主义与集体主义、阴柔气质与阳刚气质、长期取向与短期取向五个指标,衡量不同国家的文化差异①。在跨文化环境中进行企业传播,首先要求企业在进入前准确把握目标国家特性,完成对其社会文化习俗、政治经济状况、法律制度规范、行业评判准则、新闻传播业态的深入调研,据此描绘劳动力市场结构、消费者购买能力分布、品牌信任和接纳倾向、媒介使用习惯等内容,以开放包容的积极心态辅助制定传播方案。过程中,对内要特别加强面向当地员工的企业文化和价值传播,以此提高雇主忠诚度、行为契合度和职业荣誉感;对外要特别加强面向政府、社区的企业社会责任传播,以减少可能存在的直接进入阻力。

(三)武器化特征

进入 21 世纪第三个十年,伴随世界利益格局的分化重组,尤其是全球范围内的公共卫生危机、经济危机和金融危机等多种"灰犀牛"压力叠加,以及中美间在贸易、制度、意识形态等领域冲突性的增强,国际舆论环境日趋复杂,话语权争夺日益激烈。与之相对的是,由西方主导的非均衡全球传播体系仍相对固化,利用传播行为打击对手成为普遍共识,在国际传播体系中被边缘化、被妖魔化已成为多数发展中国家的软肋和常态,如美国借助贸易战掀起对中国高科技企业打压、借助疫情扭曲中国企业支援各国抗疫行动的全球舆论攻势。因此,仅

---

① 霍夫斯泰德 G,霍夫斯泰德 G J. 文化与组织:心理软件的力量:第二版[M].李原,孙健敏,译.北京:中国人民大学出版社,2010:6-7.

依赖传统媒体、国内媒体等固有渠道,按照内外有别对信息进行简单语言转换、刻板正面宣传已无法适应国际传播斗争需求。走出去的中国企业必须更加专业性地设计企业传播行为,既要避免在对外传播中"无所作为",也要避免不掌握规律、适得其反的"盲目作为"。

第三节　企业传播的效果评价

自 1949 年以来,中国企业先后经历了约 30 年"封闭的中国"、约 40 年"开放的中国",现已进入崭新的"全球的中国"发展阶段。全球联系日益复杂化、社会存在日趋多元化、媒介选择愈发自主化的内外部环境变动,既为中国企业发展提供了空前机遇,也催生了非传统安全的巨大风险挑战。这就要求中国企业通过战略变革特别是传播战略的变革,推动企业定位实现从"中国企业"到"全球企业"、从"市场主体"到"企业公民"的两个根本性转变,并基于此目标,实现埋头干活与抬头说话并重,业内口碑与社会形象并重,创造物质财富与创造精神财富并重。

进入新一轮全球化阶段,对中国企业传播的研究与实践来说,在理论上,要求学界跳出单纯西方经验与单一市场营销视角,借助传播学理论,植根于社会主义市场经济的独特发展模式,针对性地为中国企业提供跨学科、重实效的学术分析工具;在实践中,要求业界将企业传播工作由边缘性、支撑性的辅助地位上升到关系企业重大决策的战略地位,将企业声誉塑造视为打造具有全球竞争力的伟大企业的必经之路,并且通过制度安排、体系建构和技巧运用,准确把握个人化、技术化、全球化、武器化的当代传播环境特征;在国家战略上,要以中国企业声誉的全球提升为契机,通过企业理念变革、体系变革、传播变革推动企业形象变革,凸显以中国为代表的广大新兴国家在新形势下的经验探索与全球贡献,实现由更加广泛多元主体参与的新的经济全球化。

一、传播目标:建立企业声誉

企业声誉指的是企业利益相关者在一定时期内,通过直接接触经验或间接传播影响形成的、相较于主要竞争对手而言的、对企业当前发展和未来前景的综合吸引力评估。从目标设定上看,能否提升并维护良好的企业声誉是判断企业传播有效性的根本标准。对企业声誉的测量,经历了从早期唯盈利能力论到多向度的发展过程。20世纪末起,美国《财富》杂志、德国《管理者杂志》等率先开发出系统性、方向性的评价框架,带动了后期学者从定量化盈利表现、不同主体互动关系、战略体系设计等更为精细的领域进行研究,见表6-1。

表6-1 早期企业声誉经典测量体系

名称	提出者	时间	一级指标
整体声誉指数	《财富》杂志	1997	创新能力,管理质量,长期投资价值,社区责任和环境保护,人才吸引、发展和留用能力,产品和服务质量,财务稳健性,资产运用能力
企业整体声誉指数	《管理者杂志》	2000	管理质量,创新能力,传播能力,环境保护,金融和经济稳定度,产品质量,产品性价比,员工引导,增长率,对高管的吸引力,国际化
声誉商	丰布兰等人	2000	消费者情绪吸引力,产品和服务,愿景和领导力,雇员工作环境,社会和环境责任,业绩

本章在对已有评价指标的进一步梳理、合并与优化基础上,结合全球化、知识化、信息化的当代企业发展背景,提出企业声誉可着重从

以下四个维度进行评价,如图6-4所示。

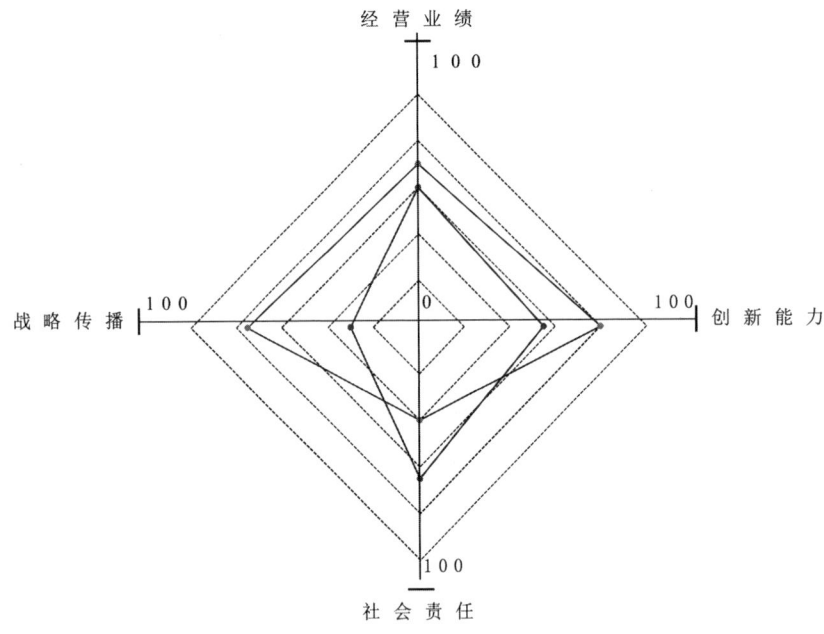

图6-4 评价企业声誉的四个维度

(一)经营业绩

经营业绩指的是企业利用其有限资源从事经营活动所取得的整体性成果,主要包括财务业绩与非财务业绩。其中,前者是企业通过会计系统呈现的表象、结果和有形资产累积,是传统企业参与市场竞争最核心的基础要素;后者是企业通过管理系统建立的内因、过程和无形资产累积,是影响现代企业长远发展更为关键的战略性因素。综合国际社会普遍认可的业绩金字塔模型、平衡记分卡、EVA指标等较为成熟的评估方法,本章设定了财务表现、产品质量、服务质量、管理水平、人才吸引力五个具体指标。对企业经营业绩的评价是形成企业声誉的基础,这是由企业作为经济主体的身份属性决定的。换言之,在市场中失败的企业是没有企业声誉的。

(二) 创新能力

创新能力指的是企业在外部环境动态变化中产生的机会潜力或内部能力模块间发展不均衡产生的价值潜力驱动下,被动应对或主动应变,以求获得市场竞争优势的多阶段组织过程,是对企业感知变异、解读变异、更新决策和有效实施的多重系列能力检验。当前,全球市场的高速扩展和科学技术的蓬勃日新,更是为企业开发、利用、更新、转化其既有知识和资源的能力提出了愈发强烈的要求。具体而言,可从技术创新、产品或服务创新、商业或管理模式创新三个分指标进行评价。对企业创新能力的评价是形成企业声誉的关键,这是由企业家精神的内涵决定的。换言之,依靠企业敢于冒险、持续创新而不是垄断、非正当竞争等获得的成功才是获得普遍尊重的成功。

(三) 社会责任

社会责任指的是企业作为经济活动组织,在追求股东利益最大化之外对其他利益相关者应负的内外部义务,包括雇员、顾客、竞争者、供应商、社区、公众和环境等。自20世纪20年代社会责任被首次提出以来,历经百年实践,西方已发展出了较为完善的企业社会责任检验维度,关注经济责任、法律责任、环境保护、顾客至上、股东利益、员工发展、平等、社会捐赠/慈善事业等八个主要维度,但较少有学者从中国特定的社会文化背景下对这一概念进行测量。本章将其进一步提炼总结为合规经营、生态保护、社区建设、社会公益四个评价指标。对企业社会责任的评价是形成企业声誉的价值判断,这是由企业的公民身份决定的。换言之,只关注企业自身经济利益而不关注社会利益、非经济利益的企业是不被认可的。

(四)战略传播

战略传播即前述的具备战略高度的企业传播活动,指企业充分整合调动资源,通过战略安排、体系建设和技巧运用,向利益相关者传递信息、沟通理念、施加影响,从而使关键目标受众认知、认可、认同、认购企业行为的过程,最终实现对内优化管理、对外提升声誉的终极目标,为企业营造健康可持续的市场与社会环境。一般而言,可以从品牌传播、形象公关、危机管理三个方面进行分析。对企业战略传播的评价是形成企业声誉的行为支撑,这是由企业声誉的主客体关系实质决定的。换言之,企业声誉是基于企业社会沟通形成的综合吸引力,企业战略传播行为体现了企业对外部环境的尊重与能力。

二、传播效果:多渠道监测

传播效果强调传播过程中的各要素对受众在知识、态度、情感、行为等方面引发的变化,通常意味着传播活动能在多大程度上实现了传播者的目的或意图。对企业传播效果进行评价,是衡量企业传播有效性的直接标准,能通过及时反馈机制为后续活动开展提供调整依据,可从传播力、影响力两方面进行测量。其中,传播力用以判断企业信号可抵达范围,强调短期内统计量上的数字、规模效应;影响力用以评估信号所及范围内受众接收或接受情况,强调长期内非统计量上的渗透、转换作用。当代企业的传播能力建设要逐步实现从"浅层覆盖导向"到"深层内化导向"的系统性转变。根据不同参与主体特点,本章提出主要可通过以下三种方式开展传播效果评估,如图 6-5 所示。

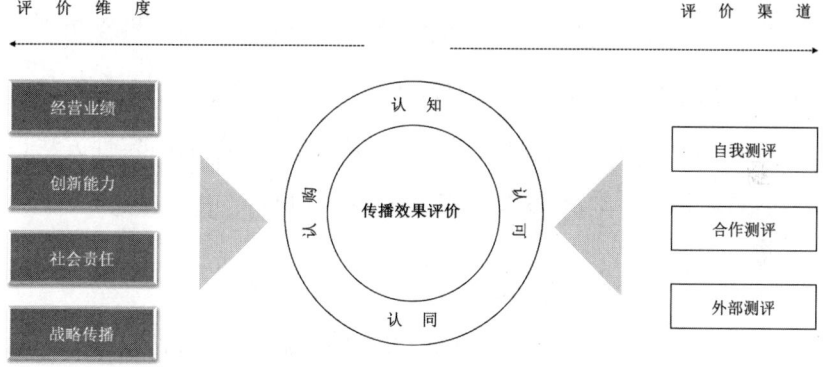

图 6-5　企业传播效果评价机制

(一) 自我测评

由企业内部负责传播的具体部门执行,以线上和线下的基础数据获取为主要目标。相关途径包括:通过员工调查,自测对传播工作的满意度和意见建议;通过发布年季度品牌传播报告、社会责任报告、海外文化交流手册等,自测工作推进度和完成度;通过国内外重要奖项参评、重要活动筹办、重要会议参与等数量,自测业内认可度;通过对国内外关键综合性主流媒体、行业媒体的日常统计,如发布平台、阅读量、评论量和评论内容、点赞量、变化趋势等,自测公共关系视角下的企业关注度与态度倾向;通过对国内外关键社交媒体平台、搜索引擎指数的日常监控,自测危机事件中企业的舆情引爆节点、扩散流程和平息走向等。

(二) 合作测评

以企业委托课题或项目的形式,与高校、智库单位、公关公司等联合展开调查，以对特定利益相关群体、针对特定议题的传播效果进行深入分析为目标，为企业提供进一步的决策支撑。该类测评主要采用定量研究和定性研究相结合的方法，兼顾现象收集和原因探究两个方面，更加注重与目标受众的双向甚至多向互动沟通。其中，常见的定量方法包括问卷调查法、电话或网络回访法、内容分析法；定性方法包括访谈法、焦点小组法、参与式观察法、案例研究法、扎根理论等。

(三) 外部测评

以关注第三方权威型独立机构发布的企业声誉排行为主要形式。目前获得广泛认可的全球榜单有：美国《财富》杂志"最受赞誉企业"排行榜；美国《福布斯》杂志"最具创新能力百强企业""最佳社会责任履行企业""最佳雇主"系列排行榜；美国声誉研究所"RepTrak 最受尊敬企业"排行榜；美国波士顿咨询公司"最佳创新企业"排行榜；全球最大的广告传媒集团 WPP 的"BrandZ 全球最具价值品牌"排行榜；等等。通过排名数据，中国企业一方面要更加积极地在全球竞争环境中深度参与、学习经验、补足差距；另一方面也要辩证审慎地认识由英美主导的评价体系中可能存在的价值偏见、指标有限和计算误差，导致未能全面客观反映中国企业的声誉提升与全球贡献。因此，构建基于中国经验、体现世界标准、实现全球参与的企业声誉评测体系在当下显得尤为重要。

第六章

余论与反思

新中国成立初期,受内外历史环境影响,曾在较长时间内处于国际主流声音之外的弱势地位。改革开放以来,中国迅速崛起为世界性大国,独特的历史经历和急遽的身份转变,推动中国更加积极地推进与综合国力和国际地位相匹配的国际传播能力建设方案。党的十八大以来,"增强国际话语权"开始成为政策表述中的显性词汇。经过十余年的实践,政府不再是唯一的话语组织者,多元力量被整合进国家话语的对外传播进程,初步构建起多主体、立体式的大外宣格局。它们将展示真实、立体、全面的中国作为重要任务,着力增强国际传播影响力、中华文化感召力、中国形象亲和力、中国话语说服力、国际舆论引导力,初步形成从顶层统筹到中层实践再到底层支撑的话语联动体系。党的二十大对这一目标任务提出了更为明确的要求,指出要"加强国际传播能力建设,全面提升国际传播效能,形成同我国综合国力和国际地位相匹配的国际话语权。"

在这一实践探索过程中,作为"走出去"排头兵的中国企业自改革开放以来广泛参与着国际生产分工与经营活动,积攒了一批宝贵的经验,不仅成为全球经济增量和新型发展模式的主要贡献者,也因其产品和服务能够广泛地直接触达各国消费者,成为当前国家形象最活跃的承载者和传递者之一。国家形象是宏观的、抽象的,而企业形象是微观的、具体的、具有较强延展力的,以企业的国际形象为切入口进行深度研究,能够为更大范围内中国国际传播问题的探索提供案例积累和经验借鉴,为政治形象、文化形象、媒体形象等更多元议题的深度挖掘提供理论路径参考。

伴随全球产业链价值结构的调整,对核心技术的掌握正成为新一轮国际秩序分化重组的重要依据,高科技逐步演化为大国战略竞争的主要焦点。以5G为核心的新一代信息通信技术因具备高速率、低时延和大连接的技术特征而能够实现人机物互联,是推动各国传统产业升级和数字转型的关键要素。在中美系统性竞争加剧的时代背景下,掌握5G领先技术的中兴与华为就成为特朗普政府集中对华安全打压的对象,并引发了多国的联合封锁,使中国高科技企业陷入了前所未有的形象危机之中。这种基于企业和技术层级而引发的全球不同区域间的激烈话语博弈,在历史上都十分少见。

通过对企业研究的既有文献回顾,发现该领域仍秉持着西方经典营销学和组织学视角,将企业形象的生成作为纯粹的内部组织建设和外部经营行为的互动结果,多在商言商,关注消费者、员工和股东等有限利益相关者,忽视了企业作为社会参与主体的政治经济学身份意义,从而未能在更广阔的国际局势变动下对企业面临的机遇与挑战做出理论回应,也无法对遭遇政治打压的中国高科技企业提供困境疏导。因此,本书采用国际传播学、国际政治学和经济学的比较视野,在理解企业作为经济主体的一般性发展规律时,关注其行动环境的政治经济学内涵,最终构建起能够充分解释中国高科技企业国际形象历史变迁、危机生成和建构路径的理论框架。

本书通过系统性的理论和实践回顾,对学理的探索和创新体现在:第一,在历史维度上,提出了中国企业国际形象变迁的"五阶段说"。本书认为,中国企业的国际形象伴随着"走出去"的步伐而逐步发展起来,但整体上以外部他塑视角为主,特别是受以美国为代表的西方国家巨大影响。在阶段划分上,第一阶段聚焦质量形象,自1978年改革开放政策推行到2001年中国加入世界贸易组织之前,围绕"世界工厂""中国制造"和"中国威胁论"三个主要标签展开;第二阶段聚焦技术形象,自2001年至2012年的十年间,国际社会对来自中国的普通工业制成品、创新产品和自主知识产权装备,分别从技术含量低、剽窃抄袭、不符合国际通用标准等角度展开批评;第三阶段聚焦合规形象,"一带一路"倡议的施行让国际舆论场中对于中国企业进行形塑的主体开始增多,打破了西方独大的言论局面,议题也拓展到了合规管理和社会责任贡献两个方面;第四阶段聚焦安全形象,特朗普政府在对华政治打压的政策统领下,在全社会、全政府、盟友国家间发动了广泛的话语动员,企图对中国企业形成舆论围攻;第五阶段聚焦企业声誉,这并非中国企业业已经历过的现实阶段,而是企业形象发展的理想形态和最高追求。

第二,在美国的全球话语动员上,以往研究只关注到了安全化这一现象的存在,但对其中的作用路径和转化机理未能清晰解释。本书以中国高科技企业在全球媒介上的形象呈现为观察点,发现了美国希望主导的对华科技打压话语联盟并未成功组建,且形成了明显的话语分层。这说明意识形态在当前技术决策中的重要性不断降低,而其他要素则占据了上风。在全球对华高科技企业的舆论分层中,第一层是美国,它是负面议程的发起者、框架制定者和关键推动者,采用的是政治安全化视角,将"威胁强化—他者形象—联盟动员—安全打压"作为实现话语目标的主要路径。第二层是欧洲五国,包括德国、英国、法国、意大利和西班牙,作为西方国家的核心成员和近乎垄断性的传播资源掌握者,它们曾在众多议题上扮演了美国议程在全球进一步扩散的中转场角色,对亚非拉地区仍具有很强的舆论引导力。在首轮"科技战"中,该舆论层秉持的是价值关系视角,表现出了"规则重构—关系平衡—价值判断—摇摆不定"的话语实践过程,在不同分项上对美国的安全化议程选择性进行同构化或差异化解读,并没有出现一边倒的舆论支持情况。第三层是全球南方的广阔市场,以中东地区的沙特阿拉伯、阿联酋和卡塔尔,及东南亚地区的泰国、菲律宾和印度尼西亚六个国家为代表。在此次"科技战"中,该舆论层秉持的是更加务实的成本效益视角,表现出了"转型需求—技术中立—收支核算—正向支持"的话语实践过程,与美国的安全化框架呈现出了明显的差异解读甚至是反向解读。从核心层到外围层,美国话语先后经过了折射和散射的传播趋势,并未得到理想化的动员效果。

第三,本书搭建起了"外来者劣势—来源国晕轮——媒介化变形"的三要素模型,可用来解释极端政治经济危机情境下的中国高科技企业负面国际形象生成机制,对其他企业或主体也形成了较强的理论指导意义,可借此进行危机研判和应对方案探索。该模型清晰揭示了影响未来中国企业形象研究和实践的四个重点:一是包括企业愿景、企业属性、企业文化、领导者形象在内的良好企业身份若不及时进行有效的外部转化,就无法对企业形象的生成起到正面促进作用,只能在员工内部发挥行为规范和价值引领等有限的组织动员功能。二是不同的利益相关者对企业形象生成的影响力不同,在当前国际竞争加剧和技术泛政治化的背景下,政府、社会组织、社会公众等非企业业务相关主体的重要性不断上升,仅关注供应商、消费者等生产销售链条里的上下游群体,已无法为企业形象的危机修复提供持续性动力。三是基于对企业生产和服务的直接接触而形成的企业印象占比正不断降低,在美国安全化的话语框架下,即使大众对5G技术没有实际感知和使用,也可以借助社交媒体平台加入相关事项的讨论中去,并对中兴等中国企业进行价值评定,因此对媒介的关注和对传播环境的把握尤为重要。四是必须正视企业形象的实际效用,这不仅涉及相关者的认知态度,更能外溢到企业的实际经营领域,对业绩产生直接影响,这不论是在中兴负面形象导致的国际市场收缩,还是华为正面形象树立导致的营业额上升的案例中,都有着直观体现。

第四,本书认为企业传播能力要素兼具易变、内向和可控的特征,基于此提出了企业传播能力的战略、体系、技巧的3S分析框架,认为中国高科技企业国际形象的生成受媒介环境影响显著,因此应该将企业传播的能力建设作为短期内形象危机修复和正面形象塑造的首要方式。本书提出企业传播的核心目标是塑造企业声誉,可以从经营业绩、创新能力、社会责任和战略传播四大维度建立企业声誉评价体系,并通过自我测评、合作测评和外部测评相结合的方式进行企业传播效果监测,推动企业传播战略的建立与实施,在结果的及时性反馈和动态调整中,使企业持续性拥有好业绩、好行为和好声音。这为企业国际形象的建构方式提出了明确的路径指导。

第五,本书提出,近年来尽管包括企业在内的中国国际传播能力有了明显增长,但在"西强东弱"的总体舆论格局下,在人类社会和平赤字、发展赤字、安全赤字、治理赤字有增无减的今天,还必须认识到新兴大国与守成大国间话语竞争的长期性、复杂性和艰巨性,任何机构、国家都难以在短期内凭借单一力量做出根本改变。实现政治安全化的舆论突围、构建更有效力的国际传播体系对于中国来说仍是一项非常艰巨的任务。因此在进行理论和实践探索的同时,还必须增强企

第六章 余论与反思

业发展的忧患意识,坚持底线思维,做好经受风高浪急甚至惊涛骇浪的重大考验、长期应战的准备,以随时抵御外部不确定的政治经济结构性风险。近些年来,全球南方作为新动能大踏步走上历史舞台,成为世界大变局的鲜明标志。观察到中东地区、东南亚地区和部分欧洲国家即使在平衡外交和高压状态下,仍对中国高科技企业持认购和认可态度,更重要的是,未来要更加自信地以中国的技术引领和经济吸引为抓手,继续促成不同国家特别是全球南方国家之间的联合话语行动,在舆论危机事件中彼此帮扶、相互声援,广扩朋友圈,团结和争取大多数,就成为在更高层面推进重构国际传播格局的一种可行思路。尤其是,考虑到南方国家大多具有相似的历史遭遇和共同的发展任务,因此在合作中更要凸显中国作为世界和平建设者、全球发展贡献者、国际秩序维护者的三种角色,在受众感兴趣的领域内讲清楚中国的价值理念、发展现状、政策取向,由此才能真正回应中国崛起带来的不确定性焦虑,使受众不仅在中国传播的声量上听得到、在内容上听得懂,还能在逻辑上听得进、在结果上听而信。

但同时必须承认,本书还存在诸多研究局限与不足,仍期待与学界和业界同仁进一步探讨:

在研究案例的选择上,考虑到行业领先程度、形象危机程度、形象前后对比度以及案例发展完整程度等四方面评判指标,本书选择将中兴作为中国高科技企业国际形象发展的集中代表,进行媒介文本研究和基于内部访谈的扎根分析,具有从特殊性到普遍性、从个体到宏观的典型意义。但需要注意的是,在由特朗普政府发动的"科技战"中,仍存在军工、互联网、人工智能和安防等不同类型企业,具有与信息通信行业不同的行业特性和传播特质,由此导向的理论解释路径和政策应对结果可能差异较大。因此在后续的研究中,可进一步对不同类型的高科技企业进行资料收集,使中国高科技企业形象研究的样本更加充实立体。

还比如,在中东地区和东南亚地区的代表性媒介选择上,考虑到当地用语习惯的复杂性,以及中国相关报道往往属于当地媒体中的国际新闻范畴,本书重点选择了各国以国际报道为重点的英文媒体作为研究对象。这种做法与使用本地语言的媒体视角可能存在一定偏差,也未能纳入社交媒体等其他不同场域的多元信息,可能会对基于文化语境理解的特定信息造成遗漏,在之后的研究中可进一步补充该方面的不同类型媒体样本,以对区域观点进行更为全面的呈现。

此外,在全球舆论场的分层上,本书将各区域内的样本国家和代表媒体作为整体进行处理,以在最大程度上反映在本区域内占据主流地位的集合性观点。但现实中各国对中国高科技企业的舆论观点更为复杂。因此这种做法在一定程度上模糊了区域内各国间的具体差异,对一国内不同党派、群体、平台的观点及其时间演化特征也呈现不足。如英国、德国、法国等欧洲国家就经历过多次中国5G技术择用的政策及话语反复,有待于在未来的研究中继续辨别和厘清。

最后,本书将媒介文本研究和各国择用中国5G技术的时间范围设置在2018年4月16日美国制裁中兴事件至2021年1月20日拜登正式就职这一期间内,围绕特朗普政府的话语和行为举措进行分析。随后,拜登政府在对中国高科技企业的产业政策、话语政策和盟友政策方面又进行了升级调整,在对华话语上也与特朗普政府呈现出差异,美国两党间的对华高科技政策异同应当成为继续深入的研究议题。更值得跟进的是,2024年11月特朗普再度当选美国总统,引发了新一轮国际震荡。其关于中国、关于中国高科技企业的行动不仅未曾停止,更呈现再度升级扩大之势,但针对的企业类型已从信息通信行业转移到了新能源、人工智能等更能代表当前科技战略竞争的其他领域。相较于2018年的首轮"科技战",变与不变的会是什么?未来走向又将如何?中国企业的国际化壮大之路又将迎来哪些机遇与挑战?这些将是作者在本书之后继续关注的话题。

参考文献

中文文献

[1]奥利弗.企业传播:原则、方法与战略[M].谢新洲,王金媛,译.北京:北京大学出版社,2005:1.

[2]白云.新闻学与传播学国家社科基金项目及其研究成果统计分析[J].中国出版,2017(18):36-41.

[3]蔡家麟.试论田野作业中的参与观察法[J].云南民族学院学报(哲学社会科学版),1994(1):52-56.

[4]陈向明.社会科学中的定性研究方法[J].中国社会科学,1996(6):93-102.

[5]陈学军.服务质量和企业形象关系的实证研究[J].人类工效学,2001(1):33-35,70.

[6]程新生.公司治理、内部控制、组织结构互动关系研究[J].会计研究,2004(4):14-18,97.

[7]程曼丽.大众传播与国家形象塑造[J].国际新闻界,2007(3):5-10.

[8]陈宏辉,王鹏飞.企业慈善捐赠行为影响因素的实证分析:以广东省民营企业为例[J].当代经济管理,2010,32(8):17-24.

[9]陈悦,陈超美,刘则渊,等.CiteSpace知识图谱的方法论功能[J].科学学研究,2015(2):242-253.

[10]蔡宁伟,于慧萍,张丽华.参与式观察与非参与式观察在案例研究中的应用[J].管理学刊,2015,28(4):66-69.

[11]陈瑞华.企业合规制度的三个维度:比较法视野下的分析[J].比较法研

究,2019(3):61-77.

[12]蔡翠红.大变局时代的技术霸权与"超级权力"悖论[J].人民论坛·学术前沿,2019(14):17-31.

[13]程曼丽.国家安全视角下美国涉华舆论的变化及应对[J].对外传播,2019(2):7-9,15

[14]崔洪建.盘整好中欧关系基本格局[N].环球时报,2021-11-02(14).

[15]丁和根.大众传媒话语分析的理论、对象与方法[J].新闻与传播研究,2004(1):37-42,95.

[16]丁鹊.海外形象和国际影响力是国企"一带一路"本地化发展的关键[J].中外企业文化,2020(7):14-16.

[17]冯昭奎."世界工厂"的变迁[J].世界经济与政治,2002(7):22-27.

[18]范红.国家形象的多维塑造与传播策略[J].清华大学学报(哲学社会科学版),2013(2):141-152,161.

[19]范红,胡钰.论国家形象建设的概念、要素与维度[J].人民论坛·学术前沿,2016(4):55-60.

[20]侯建华,胡志刚.CiteSpace软件应用研究的回顾与展望[J].现代情报,2013(4):99-103.

[21]胡钰.央企形象与国家形象[J].中国软科学,2016(8):170-174.

[22]龚为纲,张严,蔡恒进.海外自媒体中涉华舆情传播机制的大数据分析:基于Reddit平台的海量舆情信息[J].学术论坛,2017,40(3):21-31.

[23]胡钰.国企形象传播面临的挑战[J].经济导刊,2017(8):36-39.

[24]韩昱,李元旭,吉祥熙.本土化管理对中国工程企业形象的影响:基于非洲目标市场的研究[J].国际经济合作,2018(1):87-91.

[25]胡钰,景嘉伊."一带一路"倡议在伊斯兰世界的传播:战略能力与文明对话[J].新闻与传播评论,2019,72(2):118-128.

[26] 胡钰,景嘉伊.企业传播:目标、能力与评价[J].湖南师范大学社会科学学报,2020,49(6):75-83.

[27] 胡泽曦.美知名学者约瑟夫·奈表示:用"新冷战"概念看待美中关系具有误导性[N].人民日报,2020-09-31(3).

[28] 华亚溪,郑先武.安全化理论视角下的新冠肺炎疫情演进及其多层次治理[J].太平洋学报,2020,28(11):88-102.

[29] 保罗.话语分析入门:理论与方法[M].杨信彰,导读.北京:外语教学与研究出版社,2000:F13-F14.

[30] 金芳.国际分工的深化趋势及其对中国国际分工地位的影响[J].世界经济研究,2003(3):4-9.

[31] 金立印.消费者企业认同感对产品评价及行为意向的影响[J].南开管理评论,2006(3):16-21.

[32] 纪莉,张毓强.构建地球生命共同体:生态文明的中国话语及其国际传播意义[J].对外传播,2021(11):61-65.

[33] 孔祥华.搞好企业需注意人才·特长·形象[J].中国农垦,1985(11):29-30.

[34] 李步超.企业形象和产品销路[J].赣江经济,1985(8):37-38.

[35] 吕政.中国能成为世界的工厂吗[J].中国工业经济,2001(11):5-8,21.

[36] 罗宏,朱开悉.企业战略性经营业绩评价研究[J].生产力研究,2002(1):130-132.

[37] 李萍,罗宁."世界工厂"与中国制造业发展定位:理论分析与事实观察[J].社会科学研究,2003(4):51-55.

[38] 卢晖临,李雪.如何走出个案:从个案研究到扩展个案研究[J].中国社会科学,2007(1):118-130,207-208.

[39]刘佳.品牌形象构成模型综述与评价:消费者与企业视角下的品牌形象构成与关系解析[J].特区经济,2007(2):265-267.

[40]刘利.利益相关者利益要求的实证研究[J].山西财经大学学报,2008(7):61-68.

[41]李安山.为中国正名:中国的非洲战略与国家形象[J].世界经济与政治,2008(4):6-15,3.

[42]鲁津,栗雨楠.形象修复理论在企业危机传播中的应用:以"双汇瘦肉精"事件为例[J].现代传播(中国传媒大学学报),2011(9):49-53.

[43]李彦龙.企业社会责任的基本内涵、理论基础和责任边界[J].学术交流,2011(2):64-69.

[44]李惠瑶,罗海成,姚唐.企业形象对顾客态度忠诚与行为忠诚的影响模型:来自零售银行业的证据[J].管理评论,2012(6):88-97.

[45]刘丰.美国的联盟管理及其对中国的影响[J].外交评论(外交学院学报),2014,31(6):90-106.

[46]李毅.色彩符号与企业形象的视觉传达[J].新闻界,2015(14):35-39.

[47]刘晓燕,郑维维.企业社会化媒体营销传播的效果分析:以微博扩散网络为例[J].新闻与传播研究,2015,22(2):89-102,128.

[48]林芹,郭东强.企业网络舆情传播的系统动力学仿真研究:基于传播主体特性[J].情报科学,2017,35(4):54-60,67.

[49]廖秉宜,李海容.中国企业海外声誉与国家形象建构研究[J].对外传播,2017(9):42-45.

[50]刘建丽.国有企业国际化40年:发展历程及其制度逻辑[J].经济与管理研究,2018,39(10):13-30.

[51]李滨,陈怡.高科技产业竞争的国际政治经济学分析[J].世界经济与政治,2019(3):135-154,160.

[52]李继东,吴茜.集体话语:中国企业对外传播的话语转向[J].对外传播,2020(7):7-9.

[53]孟玉明.中国企业"走出去"发展战略的制定与实施[J].国际经济合作,2012(2):14-21.

[54]门洪华,刘笑阳.中国伙伴关系战略评估与展望[J].世界经济与政治,2015(2):65-95,157-158.

[55]马超.反思与超越:科学知识图谱在新闻传播学的知识生产检视[J].新闻与传播评论,2018(6):121-136.

[56]乔金森.参与观察:关于人类研究的一种方法[M].张小山,龙筱红,译.重庆:重庆大学出版社,2012:1-13.

[57]钱学锋,王备.中国企业的国际竞争力:历史演进与未来的政策选择[J].北京工商大学学报(社会科学版),2020,35(4):43-56.

[58]秦亚青,金灿荣,倪峰,等.全球治理新形势下大国的竞争与合作[J].国际论坛,2022(2):3-32.

[59]任兵,郑莹.外来者劣势研究前沿探析与未来展望[J].外国经济与管理,2012,34(2):27-34.

[60]孙海法,刘运国,方琳.案例研究的方法论[J].科研管理,2004(2):107-112.

[61]盛斌,钱学峰,黄玖立,等.入世十年转型:中国对外贸易发展的回顾与前瞻[J].国际经济评论,2011(5):84-101,4.

[62]沈鹏熠.旅游企业社会责任对目的地形象及游客忠诚的影响研究[J].旅游学刊,2012,27(2):72-79.

[63]舒咏平,谷羽.企业公益传播:公益营销的超越[J].现代传播(中国传媒大学学报),2012,34(9):94-97,110.

[64]隋岩,张丽萍.企业形象的符号建构规则与传播策略[J].新闻与传播

研究, 2013a, 20(5): 60-69, 127.

[65]宋伟. 联盟的起源: 理性主义研究新进展[J]. 国际安全研究, 2013, 31(6): 3-23, 150.

[66]孙华鹏, 苏敬勤, 崔淼. 中国民营企业跨国并购的四轮驱动模型[J]. 科研管理, 2014, 35(10): 94-100.

[67]史安斌, 廖鲽尔. 国际传播能力提升的路径重构研究[J]. 现代传播, 2016(10): 25-30.

[68]孙海泳. 进攻性技术民族主义与美国对华科技战[J]. 国际展望, 2020, 12(5): 46-64, 158-159.

[69]孙吉胜. 从话语危机到安全危机: 机理与应对[J]. 国际安全研究, 2020, 38(6): 39-62, 153-154.

[70]吴水澎, 陈汉文, 邵贤弟. 企业内部控制理论的发展与启示[J]. 会计研究, 2000(5): 2-8.

[71]王稳, 仲鑫, 马光明. "新技术民族主义"还是"技术霸权主义"[J]. 国际商务(对外经济贸易大学学报), 2006(4): 5-9.

[72]王永贵. 影响我国主流意识形态建设的西方主要意识形态透视[J]. 社会科学研究, 2007(1): 60-64.

[73]王朋进. "媒介形象"研究的理论背景、历史脉络和发展趋势[J]. 国际新闻界, 2010, 32(6): 123-128.

[74]吴晓秋, 吕娜. 基于关键词共现频率的热点分析方法研究[J]. 情报理论与实践, 2012(8): 115-119.

[75]施密特, 马雪松, 田玉麒. 话语制度主义: 观念与话语的解释力[J]. 国外理论动态, 2015(7): 10-19.

[76]魏玲. 关系平衡、东盟中心与地区秩序演进[J]. 世界经济与政治, 2017(7): 38-64, 155-156.

[77]王海忠,李骅熹.提升"中国制造"国际品牌形象的国家战略[J].中山大学(社会科学版),2017,57(3):194-208.

[78]吴冰冰.中东地区的大国博弈、地缘战略竞争与战略格局[J].外交评论(外交学院学报),2018,35(5):42-70.

[79]王雪佳,雷雨清,周全.美国对华科技企业的限制:措施、影响与应对建议[J].产业经济评论,2020(3):63-74.

[80]王勇.全面竞争与疫情交织背景下的中美舆论与沟通[J].对外传播,2020(6):4-7.

[81]许子栋.透析WAPI之争:中国高科技标准临战"生死劫"[J].中国知识产权,2004(3).

[82]徐尚坤,杨汝岱.企业社会责任概念范畴的归纳性分析[J].中国工业经济,2007(5):71-79.

[83]薛庆国."一带一路"倡议在阿拉伯世界的传播:舆情、实践与建议[J].西亚非洲,2015(5):36-52.

[84]肖洋.西方科技霸权与中国标准国际化:工业革命4.0的视角[J].社会科学,2017(7):57-65.

[85]于蕾,沈桂龙."世界工厂"与经济全球化下的中国国际分工地位[J].世界经济研究,2003(4):35-38.

[86]殷.案例研究:设计与方法[M].周海涛,译.重庆:重庆大学出版社,2004:25.

[87]殷志平.雇主品牌研究综述[J].外国经济与管理,2007(10):32-38.

[88]闫隽.错位的交锋和交锋的错位:对2007"中国制造"危机中美两国四家报纸舆论交锋的解读[J].河南大学学报(社会科学版),2010,50(1):111-115.

[89]喻国明,丁汉青,王菲,等.植入式广告:研究框架、规制构建与效果评测[J].国际新闻界,2011,33(4):6-23.

[90]喻国明,宋美杰.中国传媒经济研究的"学术地图":基于共引分析方法的研究探索[J].现代传播(中国传媒大学学报),2012(2):30-38.

[91]杨武生.企业形象设计[M].武汉:华中科技大学出版社,2013:3.

[92]阎学通.美国遏制华为反映的国际竞争趋势[J].国际政治科学,2019,4(2):3-6.

[93]杨波,柯佳明.国家形象是软实力吗:基于跨国并购的视角[J].世界经济与政治,2021(4):135-155,160.

[94]阎学通.美国与盟友的关系非冷战化[J].国际政治科学,2021,6(4):4-6.

[95]阎学通,徐舟.数字时代初期的中美竞争[J].国际政治科学,2021,6(1):24-55。

[96]章俊涛.储蓄基层机构的企业形象[J].上海金融,1985(8):30-31.

[97]张毓强.国家形象刍议[J].现代传播,2002(2):27-31.

[98]郑胜利.产业链的全球延展与我国地区产业发展分析[J].当代经济科学,2005(1):87-93,112.

[99]朱锋."中国崛起"与"中国威胁":美国"意象"的由来[J].美国研究,2005(3):33-59,3.

[100]张毅.商务部:中国企业"走出去"整体处于起步阶段[EB/OL].(2007-06-01)[2021-01-23].http://www.gov.cn/jrzg/2007-06-01/content_633679.htm.

[101]张军,金露.企业动态能力形成路径研究:基于创新要素及创新层次迁移视角的案例研究[J].科学学研究,2001(6):939-948.

[102]张晓晶,汤铎铎,林跃勤.全球失衡、金融危机与中国经济的复苏[J].经济研究,2009,44(5):4-20.

[103]朱森第.从"中国制造"走向"中国智造"[J].中国制造业信息化,

2011,40(4):40-42.

[104]曾繁旭,戴佳,王宇琦.风险行业的公众沟通与信任建设:以中广核为例[J].中国地质大学学报(社会科学版),2015,15(1):68-77.

[105]中华人民共和国中央人民政府.关于印发《中国制造2025》的通知[EB/OL].(2016-08-17)[2021-01-14].http://www.gov.cn/zhengce/content/2015-05/19/content_9784.htm.

[106]张敏,宜长春,林升栋.中国制造在海外社交媒体上的形象研究:基于Twitter上的数据[J].现代传播(中国传媒大学学报),2016,38(5):121-126.

[107]赵明昊.大国竞争背景下美国对"一带一路"的制衡态势论析[J].世界经济与政治,2018(12):4-31,156.

赵可金.公共外交:跨国公司的第三个职能[C].察哈尔学会.2011-2018年察哈尔圆桌论坛资料合集.北京,2019:175-176.

英文文献

[1] ANDREASSEN T, LINDESTAD B. The effect of corporate image in the formation of customer loyalty[J]. Journal of service research, 1998, 1(1): 82-92.

[2] ANDERSEN H, RASMUSSEN E. The role of language skills in corporate communication[J]. Corporate communication: an international journal, 2004, 9(3): 231-242.

[3] ARGENTI P. How technology has influenced the field of corporate communication[J]. Journal of business and technical communication, 2006, 20(3): 357-370.

[4] AUGUSTINE B. UAE economic forum reviews country's strategies and prospects ahead[EB/OL]. Gulf News. (2019-12-11)[2021-05-14]. https://gulfnews.com/business/uae-economic-forum-reviews-countrys-strategies-and-prospects-ahead-1.68418991.

[5]ALUWAISHEG A. How to expand the China-GCC strategic partnership[EB/OL]. Arab News. (2020-12-30)[2021-05-14]. https://www.arabnews.com/node/1785041.

[6] BUDD J. A mirror on corporate image[J]. Sam advanced management journal, 1969(34): 45.

[7]BUZAN B, WAEVER O, DE WILDE J. Security: a new framework for analysis[M]. London: Lynne Rienner Publishers, 1998: 23-26, 71-75.

[8]BOGDANICH W. Toxic toothpaste made in China is found in U.S[EB/OL]. The New York Times. (2007-06-02)[2021-03-05]. https://www.nytimes.com/2007/06/02/us/02toothpaste.html.

[9]BRAUTIGAM D. The dragon's gift: the real story of China in Africa[J]. Journal of the Washington Institute of China Studies, 2010, 5(1): 65-69.

[10]BARNETT G, HUH C, KIM Y, et al. Citations among communication journals and other disciplines: a network analysis[J]. Scientometrics, 2011, 88(2): 449-469.

[11]BAILY M. Adjusting to China: challenge to the US manufacturing sector [EB/OL].Brookings.(2011-01-13)[2021-03-28]. https://www.brookings.edu/research/adjusting-to-china-a-challenge-to-the-u-s-manufacturing-sector/.

[12]BERRONE P, CRUZ C, GOMEZ-MEJIA L. Socioemotional wealth in family firms: theoretical dimensions, assessment approaches, and agenda for future research [J]. Family business review, 2012, 25(3): 258-279.

[13]BARBER L, CHAZAN G. Angela Merkel warns EU: "Brexit is a wake-up call"[EB/OL]. (2020-01-15) [2021-05-10]. https://www.ft.com/content/a6785028-35f1-11ea-a6d3-9a26f8c3cba4.

[14]BLENKINSOP P. EU agrees investment deal with China to rebalance ties

[EB/OL].Reuters. (2020-12-30)[2021-05-03]. https://www.reuters.com/article/us-eu-china-trade-idUSKBN2941AP.

[15] BLAUBACH T. The 5G divide in the Middle East: further disparity between the Gulf and its neighbors[EB/OL]. Middle East Institute. (2021-05-20)[2021-05-23]. https://www.mei.edu/publications/5g-divide-middle-east-further-disparity-between-gulf-and-its-neighbors.

[16] CARROLL C. Rearticulating organizational identity: exploring corporate images and employee identification[J]. Management learning, 1995, 26(4): 463-482.

[17] CARROLL A. The Four faces of corporate citizenship[J]. Business and society review, 1998, 100/101(1): 1-7.

[18] CAROLL A. The pyramid of corporate social responsibility: toward the moral management of organizational stakeholders[J]. Business horizons, 1991 (July-August): 39-48.

[19] CHANG G. The coming collapse of China[EB/OL]. The New York Times (2001-09-09)[2021-03-15]. https://www.nytimes.com/2001/09/09/books/chapters/the-coming-collapse-of-china.html.

[20] CORNELISSEN J. Corporate communication: a guide to theory & practice [M]. London: SAGE Publications, 2004: 33.

[21] CHEN C. CiteSpace II: detecting and visualizing emerging trends and transient patterns in scientific literature[J]. Journal of the American society for information science and technology, 2006, 57(3): 359-377.

[22] CHATTANANON A, LAWLEY M, TRIMETSOONTORN J, et al. Building corporate image through societal marketing programs[J]. Society and business review, 2006, 2(3): 230-253.

[23] CARROLL C. Corporate reputation and the news media: agenda-setting

within business news coverage in developed, emerging, and frontier markets[M]. First edition. New York: Taylor & Francis, 2011: 1-3.

[24] CARDENAL J, KUCHARCZYK J, MESEZNIKOV G, et al. Sharp power: rising authoritarian influence[R]. National Endowment for Democracy. Washington DC, 2017.

[25] CASTLE S. Pompeo attacks China and warns Britain over Huawei security risks[EB/OL]. (2019-05-08)[2021-05-14]. https://www.nytimes.com/2019/05/08/technology/pompeo-huawei-britain.html.

[26] COX R. Cox: "China dose it" is a bad antitrust argument[EB/OL].Reuters. (2019-05-24)[2021-05-05]. https://www.reuters.com/article/us-china-unitedstates-breakingviews/breakingviews-cox-china-does-it-is-a-bad-antitrust-argument-idUSKCN1ST1CL.

[27] CARABALLO M. Diokno: US-China trade war to benefit PH[EB/OL]. The Manila Times. (2020-05-25)[2021-05-14]. https://www.manilatimes.net/2020/05/25/business/business-top/diokno-us-china-trade-war-to-benefit-ph/727075.

[28] DAVIES A. Technical regulations and standards under the WTO agreement on technical barriers to trade[J]. Legal issues of economic integration, 2014, 41(1): 37-63.

[29] DIAMOND L, SCHELL O. China's influence & American interests: promoting constructive vigilance[R]. Hoover Institution Press. California, 2018.

[30] DILANIAN K. Does China's Huawei really pose a threat to national security [EB/OL]. NBC News. (2020-01-29)[2021-04-28]. https://www.nbcnews.com/politics/national-security/does-china-s-huawei-really-pose-threat-national-security-n1124746.

[31] Edelman. Annual global study 2017: trust barometer of China [R].

Beijing, 2017.

[32] FOLKES V. Consumer reactions to product failure: an attributional approach[J]. Journal of Consumer Research, 1984, 10(4): 398-409.

[33] FOMBRUN C, RINDOVA V. Reputation management in global 1000 firms: a benchmarking study[J]. Corporate reputation review, 1998(1): 205-212.

[34] FLAVIÁN C, GUINALÍU M, TORRES E. The influence of corporate image on consumer trust: a comparative analysis in traditional versus internet banking[J]. Internet research, 2005, 14(4): 447-470.

[35] FETTERMAN M, FARRELL G, PETRECCA L. Recall of China-made toys unnerves parents[EB/OL]. (2007-08-05)[2021-03-05]. https://abcnews.go.com/Business/story?id=3443625&page=1.

[36] FINLAYSON A, FRAZER E. Fictions of sovereignty: Shakespeare, theatre and the representation of rule[J]. Parliamentary affairs, 2010, 64(2): 233-247.

[37] FASSIN Y, BUELENS M. Corporate social responsibility and business ethics practices[J]. Management decision, 2011, 49(4): 586-600.

[38] FINGERLE B. Accelerating digital transformation of Thai businesses[EB/OL]. The Nation. (2020-11-04)[2021-05-05]. https://www.nationthailand.com/perspective/30397333.

[39] FITZGERALD D, MARTIN T, WOO S. Everything you need to know about 5G[EB/OL]. Wall Street Journal. (2020-11-10)[2021-05-05]. https://www.wsj.com/articles/everything-you-need-to-know-about-5g-11605024717.

[40] GATEWOOD R, GOWAN M, LAUTENSCHLAGER G. Corporate image, recruitment image and initial job choice decisions[J]. Academy of management journal, 1993, 36(2): 414-427.

[41] GOODMAN M, HIRSCH P. Corporate Communication: strategic Adaptation

for global practice[M]. New York: Peter Lang Publishing Inc, 2010:141.

[42]GIBSON J. Will Americans ever be able to trust "Made in China" labels again? [EB/OL]. (2007-09-12) [2021-03-25]. https://www.foxnews.com/story/will-americans-ever-be-able-to-trust-made-in-china-labels-again.

[43]GOWEN P. Industrial development and international political conflict in contemporary capitalism [M]//ANIEVAS A. Marxism and World Politics. London: Routledge, 2010: 139.

[44]GE Y. Faces of Belt& Road: Pakistan gripped by Mandarin fever[EB/OL]. (2017-11-21)[2021-03-25]. https://news.cgtn.com/news/32457a4d78637a6333566d54/share_p.html.

[45] GALLAGHER M. The lost art of ideological warfare [EB/OL]. The Washington Post.(2019-07-10) [2021-04-23].https://www.washingtonpost.com/outlook/2019/07/10/lost-art-ideological-warfare/.

[46]GOLDIN D. Keep 5G safe from Chinese domination[EB/OL]. Wall Street Journal. (2020-01-29) [2021-04-28]. https://www.wsj.com/articles/keep-5g-safe-from-chinese-domination-11580342112.

[47]HAJER M. Discourse coalitions and the institutionalization of practice: the case of acid rain in Great Britain[M]//FISCHER F, FORESTER J. The argumentative turn in policy analysis and planning. London: Duke University Press, 1993: 43-76.

[48]HENNOCK M. China in US technology trade rows[EB/OL]. BBC. (2004-04-20)[2021-04-15]. http://news.bbc.co.uk/1/hi/business/3640793.stm.

[49]HUSE M, NEUBAUM D, GABRIELSSON J. Corporate innovation and competitive environment[J]. International entrepreneurship and management journal, 2005 (1): 313-333.

[50]HERRBACH O, MIGNONAC K. How organizational image affects employee

attitudes[J]. Human resource management journal, 2006, 14(4): 76-88.

[51] HALLAHAN K, HOLTZHAUSEN D, RULER B, et al. Defining strategic communication[J]. International journal of strategic communication, 2007, 1(2): 3-35.

[52] HUANG C, YEN S, LIU C, et al. The relationship among corporate social responsibility, service quality, corporate image and purchase intention [J]. International journal of organizational innovation, 2014, 6(3): 68-84.

[53] HERBORTH B, HELLMANN G. Introduction: uses of the West[M]//HELLMANN G, HERBORTH B. Uses of the West: security and the politics of order. Cambridge: Cambridge University Press, 2017: 1-12.

[54] International Telecommunication Union. 5G fifth generation of mobile technologies[EB/OL]. (2019-12)[2021-01-18]. https://www.itu.int/en/mediacentre/backgrounders/Pages/5G-fifth-generation-of-mobile-technologies.aspx.

[55] JAMES G. Made in China=Piece of Junk[EB/OL]. CBS News. (2010-10-07)[2021-03-28]. https://www.cbsnews.com/news/made-in-china-piece-of-junk/.

[56] JERVIS V, MILLER T, CHAN Y, et al. Roadmaps for awarding 5G spectrum in the MENA region[R]. GSMA, Barcelona, 2022.

[57] KAPSTEIN E. The corporate ethics crusade[J]. Foreign affairs, 2001, 80(5): 105-119.

[58] KAPLAN R, NORTON D. Focusing your organization on strategy - with the balanced scorecard [M]. Boston: Harvard Business School Publishing Corporation, 2004:21-33.

[59] KIM H, LEE M, LEE H, et al. Corporate social responsibility and employee-company identification[J]. Journal of business ethics, 2010(95): 557-569.

[60] KHAN A, MUTTAKIN M, SIDDIQUI J. Corporate governance and corporate social responsibility disclosure: evidence from an emerging economy[J]. Journal of business ethics, 2013, 114(2): 207-223.

[61] KUO M. The quest for 5G technology dominance: impact on US national security[EB/OL]. (2019-01-15)[2021-04-28]. https://thediplomat.com/2019/01/the-quest-for-5g-technology-dominance-impact-on-us-national-security/.

[62] LEDFORD JR G, WENDENHOF J, STRAHLEY J. Realizing a corporate philosophy[J]. Organizational dynamics, 1995, 23(3): 5-19.

[63] LANGE D, WASHBURN N. Understanding attributions of corporate social irresponsibility[J]. Academy of management review, 2012, 37(2): 300-326.

[64] LEW S, SULAIMAN Z. Consumer purchase intention toward products Made in Malaysia vs. Made in China: a conceptual paper[J]. Procedia-social and behavioral sciences, 2014, 130(15): 37-45.

[65] MELEWAR T, SAUNDERS J. International corporate visual identity: standardization or localization?[J]. Journal of international business studies, 1999(30): 583-598.

[66] MAHON J. Corporate reputation: a research agenda using strategy and stakeholder literature[J]. Business & society, 2002, 41(4): 415-445.

[67] MCDONALD L, SPARKS B, LAN-GLENDON A. Stakeholders reactions to company crisis communication and causes[J]. Public relations review, 2010, 36(3): 263-271.

[68] MCKINNON J. 5G wireless technology raises security fear[EB/OL]. The Washington Post(2018-09-12)[2021-04-25]. https://www.wsj.com/articles/5g-wireless-technology-raises-security-fears-1536804240.

[69] MARSTON H. The US navy and southeast Asian nations held joint

maneuvers for first time. What are the key takeaways? [EB/OL]. The Washington Post(2019-09-13)[2021-05-25]. https://www.washingtonpost.com/politics/2019/09/13/us-navy-southeast-asian-nations-held-joint-maneuvers-first-time-what-are-key-takeaways/.

[70] MITROVICH G. Will President-elect Biden wage a new Cold War with China[EB/OL]. The Washington Post(2020-12-03)[2021-04-22]. https://www.washingtonpost.com/outlook/2020/12/03/will-president-elect-biden-wage-new-cold-war-with-china/.

[71] NGUYEN N, LEBLANC G. Corporate image and corporate reputation in customers' retention decisions in services[J]. Journal of retailing and consumer services, 2001, 8(4): 227-236.

[72] NGUYEN N, LEBLANC G. Contact personnel, physical environment and the perceived corporate image of intangible services by new clients[J]. International journal of service industry management, 2002, 13(3): 242-262.

[73] NASH-HOFF M. Viewpoint: why is China cheaper? [EB/OL]. Industry Week.(2006-04-14)[2021-03-15]. https://www.industryweek.com/the-economy/environment/article/21955887/viewpoint-why-is-china-cheaper.

[74] NAMINGIT S, AL-HADDAD S. Huawei's carrier business in southeast Asia[M]//ZHANG W, ALON I, LATTEMANN C. Huawei goes global: volume II: regional, geopolitical perspectives and crisis management. Cham: Palgrave Macmillan, 2020: 207-230.

[75] PAN E. The promise and pitfalls of China's 'peaceful rise'[EB/OL]. Council on Foreign Relations.(2006-04-14)[2021-03-15]. https://www.cfr.org/backgrounder/promise-and-pitfalls-chinas-peaceful-rise.

[76] PAN Z. Chinese embassy helps Kenyan orphans[EB/OL]. China Daily.

(2016-06-01)[2021-04-28]. http://africa.chinadaily.com.cn/world/2016-06/01/content_25562396.htm.

[77] PEYRAT O. China's standardization strategies[EB/OL]. Paris Innovation Revies. (2012-10-09)[2021-04-15]. http://parisinnovationreview.com/articles-en/chinas-standardization-strategies.

[78] POHLMANN T, BUGGENHAGEN M. Who leads the 5G patent race November 2021[R]. Berlin: IPlytics, 2021: 1-8.

[79] VAN RIEL C. Research in corporate communication: an overview of an emerging field[J]. Management communication quarterly, 1997, 11(2): 288-309.

[80] ROBERTS P, DOWLING G. Corporate reputation and sustained superior financial performance[J]. Strategic management journal, 2002(23): 1077-1093.

[81] RYU K, LEE H, KIM W. The influence of the quality of physical environment, food, and service on restaurant image, customer perceived value, customer satisfaction, and behavioral intentions [J]. International journal of contemporary hospitality management, 2012, 23(2-3): 200-223.

[82] Reuters. UK's Boris Johnson on Hong Kong, Huawei, Iran and Brexit[EB/OL].(2019-07-03)[2021-05-06]. https://www.reuters.com/article/us-britain-eu-leader-quotes-highlights/uks-boris-johnson-on-hong-kong-huawei-iran-and-brexit-idUSKCN1TY1H0.

[83] RATCLIFFE J. China is national security threat No.1[EB/OL]. Wall Street Journal. (2020-12-03)[2021-04-20].https://www.wsj.com/articles/china-is-national-security-threat-no-1-11607019599.

[84] RASMUSSEN A. A new way to lead the Free World[EB/OL]. Wall Street Journal(2020-12-15) [2021-04-20].https://www.wsj.com/articles/a-new-way-to-lead-the-free-world-11608053780.

[85]SCHMITT B, SIMONSON A, MARCUS J. Managing corporate image and identity[J]. Long range planning, 1995, 28(5): 82-92.

[86]SCHWAIGER M. Components and parameters of corporate reputation: an empirical study[J]. Schmalenbach business review, 2004(56): 46-71.

[87]STEYN B. From "strategy" to "corporate communication strategy": a conceptualization[J]. Journal of communication management, 2004, 8(2): 168-183.

[88] SHARMA A. Economic Value Added (EVA) - literature review and relevant issues[J]. International journal of economics and finance, 2010, 2(2): 200-220.

[89] SOLOMON S, FRECHETTE C. Corruption is wasting Chinese money in Africa[EB/OL].FP. (2018-09-13) [2021-04-20]. https://foreignpolicy.com/2018/09/13/corruption-is-wasting-chinese-money-in-africa/.

[90]SANGER D, BARNES J, ZHONG R. In 5G race with China, U.S. pushes allies to fight Huawei[EB/OL]. (2019-01-26) [2021-04-20]. https://www.nytimes.com/2019/01/26/us/politics/huawei-china-us-5g-technology.html.

[91] SORKIN A. Keep 5G safe from Chinese domination[EB/OL]. The New York Times(2019-07-01) [2021-04-28]. https://www.nytimes.com/2019/07/01/business/dealbook/huawei-5g-national-security-trade.html.

[92]SEMO M.Après le succès du G7,Emmanuel Macron bouscule les diplomates[EB/OL]. Le Monde. (2019-08-27) [2021-04-28]. https://www.lemonde.fr/international/article/2019/08/27/apres-le-succes-du-g7-macron-bouscule-les-diplomates_5503441_3210.html.

[93]SEKHON M. Outlook of the new emerging market landscape in 2020[EB/OL]. The Nation (2019-12-26) [2021-05-13]. https://www.nationthailand.com/business/30379835.

[94]SUKRI A. From trade to TikTok: how US-China decoupling affects everyone [EB/OL]. Al Jazeera(2020-08-04) [2021-05-13]. https://www.aljazeera.com/economy/2020/8/4/from-trade-to-tiktok-how-us-china-decoupling-affects-everyone.

[95]TUSK D. Despite Trump, the West must stay united [EB/OL]. The New York Times(2018-06-08) [2021-05-13]. https://www.nytimes.com/2018/06/06/opinion/g7-summit-europe-american-relations.html.

[96]TAMAYO B. US or China? ASEAN will not take sides[EB/OL]. The Manila Times(2020-11-25) [2021-05-13]. https://www.manilatimes.net/2020/11/25/news/top-stories/us-or-china-asean-will-not-take-sides/801194.

[97]TAHIR D. Indonesia and the new multipolar world order[EB/OL]. The Jakarta Post (2021-01-18) [2021-05-13]. https://www.thejakartapost.com/academia/2021/01/17/indonesia-and-the-new-multipolar-world-order.html.

[98]VAN DEN BOSCH A, DE JONG M, ELVING W. How corporate visual identity supports reputation[J]. Corporate communications: an international journal, 2005, 10(2): 108-116.

[99]VAN RIEL C, FOMBRUN C. Essentials of corporate communication[M]. London and New York: Routledge, 2007: 269.

[100]VERNUCCIO M. Communicating corporate brands through social media: an exploratory study[J]. International journal of business communication, 2014, 51(3): 211-233.

[101] VENKATARAMANI H, DOBBERSTEIN N. 5G in ASEAN: reigniting growth in enterprise and consumer markets[R]. AT Kearney, Chicago, 2019.

[102]WEDMAN J, GRAHAM S. Introducing the concept of performance support: using the performance pyramid[J]. The journal of continuing higher education, 1998,

43(3): 8-20.

[103] WARTICK S. Measuring corporate reputation: definition and data[J]. Business & society, 2002, 41(4): 371-392.

[104] WOO S. The U.S. vs China: the high cost of the technology cold war[EB/OL]. The Wall Street Journal (2020-10-22) [2021-05-28]. https://www.wsj.com/articles/the-u-s-vs-china-the-high-cost-of-the-technology-cold-war-11603397438.

[105] XIA M. "China threat" or a "peaceful rise of China"[EB/OL]. The New York Times (2006-02-19) [2021-03-15]. https://archive.nytimes.com/www.nytimes.com/ref/college/coll-china-politics-007.html.

[106] Xinhua. Ethiopia eyes Chinese built industrial park to attract eco-friendly investment[EB/OL]. China Daily(2017-06-17) [2021-03-22]. https://www.chinadaily.com.cn/business/2017/06/17/content_29782252.htm.

[107] ZAHEER S. Overcoming the liability of foreignness[J]. The academy of management journal, 1995, 38(2): 341-363.

[108] ZERFASS A. Corporate communication revisited: integrating business strategy and strategic communication[J]. Public relations research, 2008: 65-96.

后 记

本书在我的博士毕业论文基础上发散而来。感谢我的导师胡钰教授。还记得初次选择导师时忐忑发去的信息，以及收到的"能够在你的研究生阶段一起探讨学术是愉快的选择"回复；也记得徘徊在是否读博的十字路口，收到"在美丽的清华园里，有更多时间发现自我实现自我，人生幸事"的鼓励。师从六年，胡老师始终耐心教导和规正着我，不论是在书斋里还是现实中，都推着我勇敢向前多走一步，最终不仅跌跌撞撞多探索了很多步，甚至还走成了一些路，收获远超过去自我边界的智识与机会，拥有更加开阔、成熟和饱满的人格状态。胡老师开启并支持本书得以完成，人生实难得一良师，言传身教之深难以尽数。

感谢范红老师、杭敏老师、张莉老师、史安斌老师、周庆安老师、吴璟薇老师在本书写作过程中提供的真诚建议，感谢王维佳老师和栾轶玫老师在特殊时期仍能给予宝贵指导，感谢佘纲正老师、蒋俏蕾老师在学术上的分享和引路。他们都或多或少见证了我在清华新闻学院求学的十年光阴，始终毫不吝啬地传道授业，亲手把一颗种子培育成了一株小树。希望我也能尽快像他们一样，成长为真正的参天大树。

感谢在实践调研过程中遇到的每位中国企业员工。他们既是本书写作的灵感来源，也是主要的资料提供者和受访者，他们与我毫无保留地分享工作感受、探讨经营之道，才使本书得以完成。即使当下处境艰难，但有着如此的临危思变之精神和筚路蓝缕之品格，我相信中国企业就一定能迎来破局的那天。这也是本书怀有的朴素期待。

后　记

　　感谢中国社会科学院"青启计划"对本书出版的支持,让刚入院工作的青年学者能够心无旁骛地在一方天地中尽情探索。感谢新闻与传播研究所、国际新闻与传播研究室各位同事的帮助,能够与大家共事是我最引以为豪的事情。

图书在版编目(CIP)数据

智造话语:中国高科技企业国际形象的变迁、危机与建构/景嘉伊著.--北京:中国传媒大学出版社,2025.5.

ISBN 978-7-5657-3944-6

Ⅰ.F279.244.4

中国国家版本馆CIP数据核字第202579BN19号

智造话语:中国高科技企业国际形象的变迁、危机与建构

ZHIZAO HUAYU:ZHONGGUO GAOKEJI QIYE GUOJI XINGXIANG DE BIANQIAN、WEIJI YU JIANGOU

著　　者	景嘉伊
策划编辑	于水莲
责任编辑	温晓芳
封面设计	风得信设计·阿东
责任印制	李志鹏

出版发行	中国传媒大学出版社		
社　　址	北京市朝阳区定福庄东街1号	邮　编	100024
电　　话	86-10-65450528　65450532	传　真	65779405
网　　址	http://cucp.cuc.edu.cn		
经　　销	全国新华书店		
印　　刷	唐山玺诚印务有限公司		
开　　本	710mm×1000mm　1/16		
印　　张	13.5		
字　　数	168千字		
版　　次	2025年5月第1版		
印　　次	2025年5月第1次印刷		
书　　号	ISBN 978-7-5657-3944-6	定　价	68.00元

本社法律顾问:北京嘉润律师事务所　郭建平